新書y

329

図解・決定版 定年前後のお金と手続き大事典

須田美貴・田村麻美・
Suda Miki *Tamura Mami*
田中元・中川健司【監修】
Tanaka Hajime *Nakagawa Kenji*

洋泉社

本書に掲載している情報は2019年9月時点のものです。このため、本書内の手続きなどは変更される可能性があります。最新の情報については、市区町村の国民年金担当窓口、ハローワークなどの各機関にお問い合わせください。

また、金融商品については、情報の提供を目的とし、特定の金融商品を勧めるものではありません。投資結果につきましては、一切の責任を負いかねます。あらかじめご了承ください。

金融商品名などは各金融機関の商標または登録商標です。本書では™マーク、©、®は省略しています。

老後2000万円を受けて

「本当に年金だけで生活できる?」と不安なあなたへ

定年後の「老後」は20年以上もある

定年退職を迎える多くの人にとっての不安は、その後の生活設計ではないでしょうか。仕事を辞め、あるいは仕事を続けるにしても賃金は大幅に削られ、年金だけで生活していけるのか、大きな不安を抱えていることでしょう。

2018(平成30)年度の厚生労働省の発表によると、60歳の平均余命は、男性が23・84歳、女性が29・04歳となっています。定年退職のあとの人生を「老後」とすると、老後は20年以上もあるわけです。

老後の生活について、多くの人が不安を抱いていると言いましたが、統計上もそういう結果になっています。生命保険文化センターの調査によると、老後の生活に何らかの不安を感

老後生活に対する不安の有無

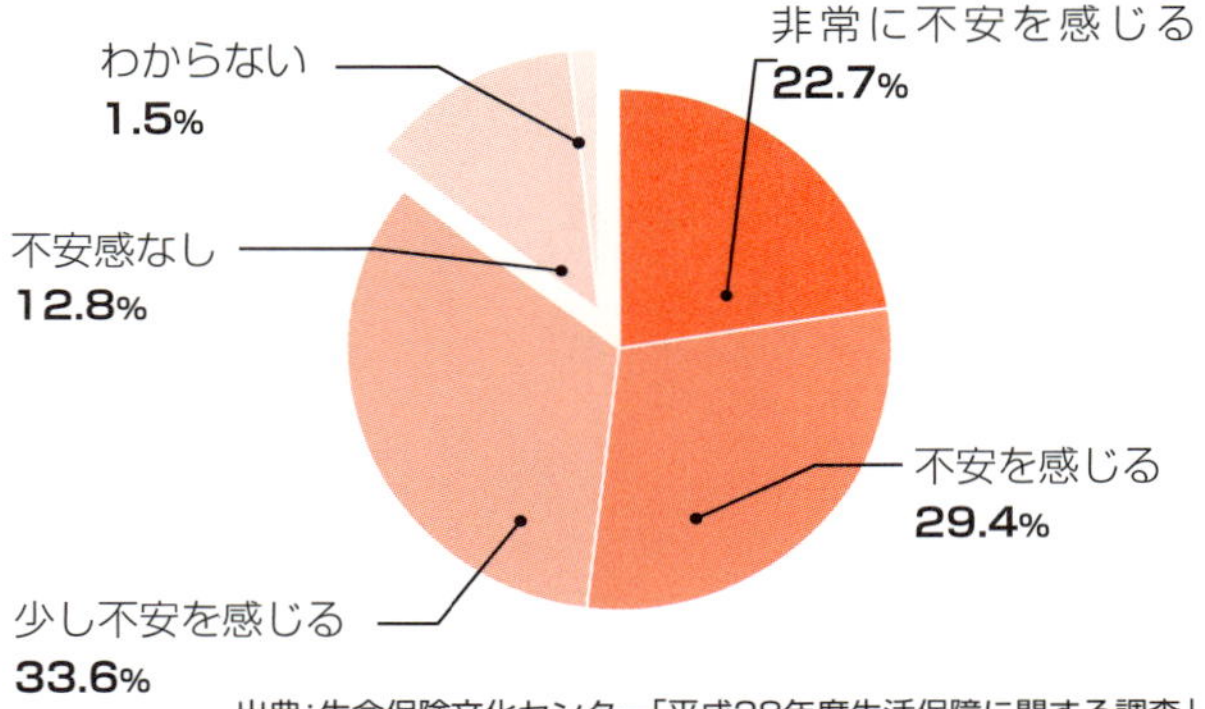

出典：生命保険文化センター「平成28年度生活保障に関する調査」

じている人は85%を超えています（「老後生活に対する不安の有無」）。その不安の根拠として、多くの人が経済的な理由を挙げており（「老後生活に対する不安の内容」）、老後を迎えるにあたって心配の種はつきません。

この不安は、年金受給額からも浮かび上がります。２０１９年現在、国民年金の受給額は１カ月あたり約６・５万円。厚生年金は、それまでの年収によって各人ごとに違いますが、だいたい７万円～８万円台で、これが国民年金に上積みされた額を受け取れます。

それなりの企業に勤めていて十分な退職金をもらえる人なら、それでまかなえるかもしれませんが、そうではない人で、さらに賃貸住宅に住んでいたりすると、この額ではとても足りま

老後生活に対する不安の内容（複数回答可）

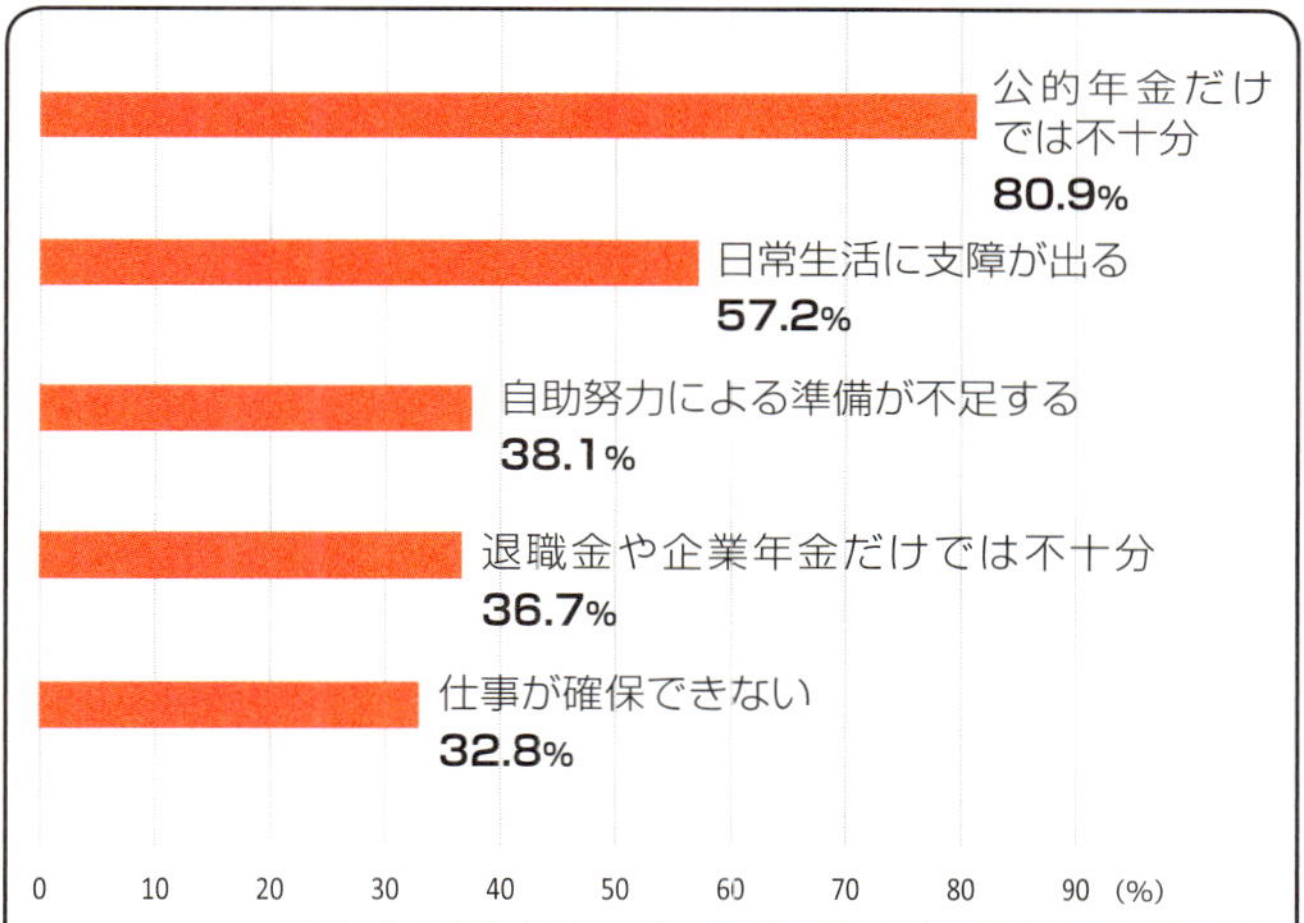

出典：生命保険文化センター「平成28年度生活保障に関する調査」

せん。

実際、老後の生活費として、どれくらい必要かを考えたことがあるでしょうか。

調査結果を見ると、月20万円未満で老後を生活できると考えている人は少数派で、60％以上の人が老後の生活には20万円以上が必要と考えています（「老後の最低日常生活費」）。

つまり、これだと公的年金だけでは生活費が足りないということになります。

したがって、定年退職を迎える前から、その後の生活設計を考えなければならないのです。

しかし、実際にどれほどの人が生活設計を立てているかというと、何もしていない人が多いことがわかります。

調査結果をみると、老後の生活について具体的な生活設計をしている人は、50代の人でも約４割しかいません。

生活設計を立てない理由としては、「経済的余裕がないから」「将来より現在の生活が大切だから」と答えた人が47・８％いました。現在の生活で精一杯と考えている人ほど、将来の生活設計をしていないことが読み取れます。しかし、経済的余裕がないからこそ、将来の生活設計は必要なはずです。

すでに述べたように、第二の人生でもある老後は、20年以上もあります。そのスタートラインで、

老後の最低日常生活費（1カ月）

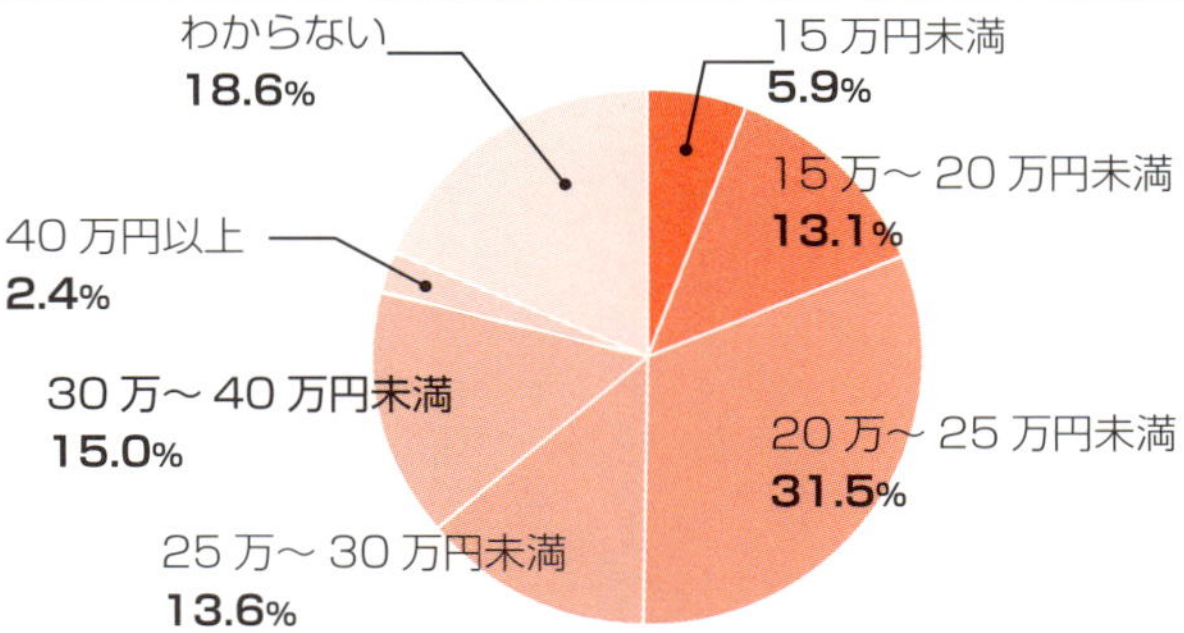

出典：生命保険文化センター「平成28年度生活保障に関する調査」

いきなりつまずいてしまわないように、しっかり準備しておくことが必要となるのです。

　本書では、第1章から第3章で、手続きの超基本から、知らないと損をするお金の手続きまでを解説しています。手続きは、選び方しだいでは損をしてしまうこともあるので、しっかり準備しておきたいものです。

　第4章では、定年後に必要となるお金を試算し、不足分を補う手段、安全・堅実に資金を運用する方法、生命保険の選び方までを紹介しています。

　本書でお金の不安や疑問をスッキリと解消し、定年後の暮らしをより楽しく、豊かにするために役立てていただければ幸いです。

老後の生活設計の有無（50代）

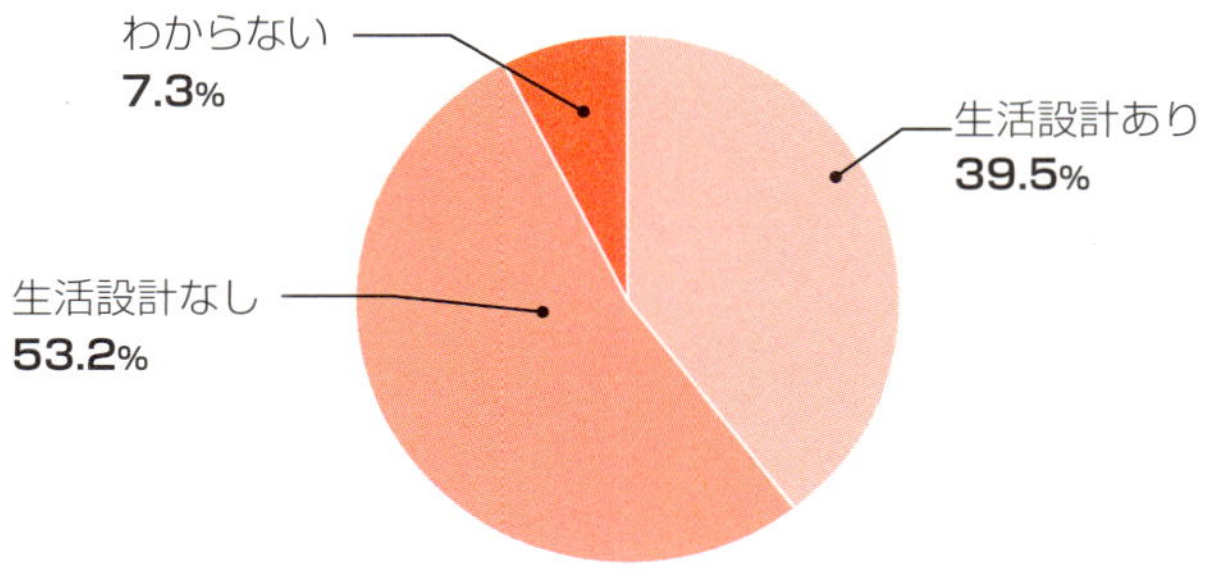

出典：生命保険文化センター「平成28年度生活保障に関する調査」

定年前後の手続き

スケジュール＆必要書類チェックリスト

いつ、何をする？

定年前

年金

58歳

- □定年後のライフプランを考える
- □「ねんきん定期便」で支給開始年齢や年金見込額を確認
- □「ねんきんネット」に登録。気になる点はあらかじめ、年金事務所へ相談

Check!
定年前に年金を確認しよう

健康保険

退職2〜6カ月前

- □退職後の健康保険の検討をはじめる
- □人間ドックなどを活用して自分の健康状態を把握

退職1カ月前

- □退職時に健康保険証は会社に返却するのでコピーを控えておく
- □退職後に加入する健康保険の必要書類を用意する

雇用保険

退職6カ月前

- □給与明細を保管する
- □退職後の働き方を決めておく

退職3カ月前

- □離職票の発行手続きを会社に確認する
- □雇用保険被保険者証を用意する。会社が管理していることもある

税金

退職1カ月前

- □退職金が支払われる前に「退職所得の受給に関する申告書」を提出(平成28年退職分から「退職所得の源泉徴収票」にマイナンバーを記入する必要があるので、会社に通知しておくこと)

← 提出した場合
退職金支給時点で「退職所得控除」を受けられる

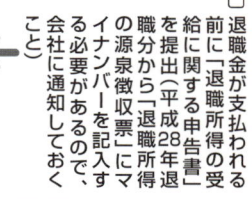

厚生年金(共済年金)の手続きはおおよそ60〜65歳のあいだで、国民年金は65歳から手続きを行います。

定年退職直後は離職や健康保険の手続きも重なり、とくに雇用保険の手続きの期限は短いので、前もって準備や確認をしておきましょう。

□加入記録や支給見込額を「ねんきん定期便」や「ねんきんネット」を利用して、前もって確認。

□金額やライフプランを考慮し、再雇用や健康保険の検討を始める。

59歳

□59歳の誕生月に届く「ねんきん定期便」に漏れや誤りがないか確認

□漏れや誤りがあった場合は「年金加入記録回答票」に記入して返送

退職となる会社員の場合、退職後の健康保険を新たに決める必要があります。

退職後の健康保険はいくつかの候補からひとつを選ぶことになりますが、選ぶ基準となるのは世帯全体での保険料の負担額です。自分自身の負担額だけでなく、配偶者や子の保険料もあわせて比較しましょう。

Check!

保険証のコピーを忘れない

有給休暇を消化したりして退職日と最終出社日が異なる場合、最終出社日に保険証を返却してしまうと、新しい健康保険に加入するまでの医療費が全額負担になる可能性もあります。

健康保険証は通常、退職日まで有効なので、万が一に備え、コピーをもっておきましょう。

還暦である60歳は人生の節目であり、今後の人生設計を考える転換期でもあるでしょう。

それまでの働き方を改め、新たに求職する場合、雇用保険は強い味方になります。

ですが、手続きの期限は決して長くはないので、あらかじめ手順やスケジュールを確認しておきましょう。

退職後約10日

□離職票の記載内容を確認し、本人記入欄に記入

退職前の手続きは、退職金に関するものが中心になります。

退職後は住民税を自分で支払わなくてはならないので、納税通知書が届いた際にあわてないようにおおよその住民税額を把握しておきましょう。

退職後1カ月以内

□「退職所得の源泉徴収票」を受け取る

提出しない場合確定申告で精算

年金

60歳〜65歳

- 年金の受給開始年齢の3カ月前に「年金請求書」が届く
- 必要書類を用意
- 注意事項を確認しながら記入
- 年金事務所、または住所地の市区町村の国民年金窓口に提出

必要なものリスト

年金請求書に同封されているリーフレットには必要書類の詳細が記載されています。厚生年金の加入期間などで必要書類は異なります。自分の提出に必要なものを確認しましょう。

- 戸籍謄本
- 預金通帳
- 印鑑

健康保険

選択次第で手続き場所、期限が異なる

家族の健康保険の扶養になる

退職の翌日から5日以内

- 家族の勤務先で手続きを行う

必要なものリスト

- 被扶養者異動届
- 所得証明書
- 住民票
- 退職証明書

国民健康保険に加入する

から14日以内

- 住所地の市区町村窓口で手続きを行う

必要なものリスト

- 各市区町村窓口で定められた加入の届出書

雇用保険

退職後約10日

- ハローワークで求職申込みを行う

必要なものリスト

- 離職票1・2
- 雇用保険被保険者証
- 印鑑
- 本人確認書類（運転免許証など）
- 本人名義の預金通帳
- 写真2枚（3cm×2.5cmで3カ月以内のもの）

求職申込後10日〜2週間後

- 雇用保険受給者初回説明会に出席
- 「雇用保険受給資格者証」「失業認定申告書」を受け取り、誤りがないか確認する
- 「失業認定日」にハローワークに必ず行く

税金

退職後の年内

- 「給与所得の源泉徴収票」が会社から届く。紛失しないように保管しておく

退職の翌年2〜3月

- 確定申告を行う

Check! 年金請求書に添付する必要書類は各自治体で発行してもらうものが多いです。一部の自治体では窓口で「年金請求用です」と伝えると、手数料が無料になります

- □世帯全員分の住民票
- □所得証明書
- □雇用保険被保険者証

年金受給開始後

- □「年金証書」が届く
- □振込は2カ月に1回、前2カ月分の支給額が振り込まれる
- □毎年、11月頃に「扶養親族等申告書」が届く
- □必要事項を記入して返送

Check! 迷った場合は、手続きの期限が厳密な任意継続被保険者を選んでおきましょう

退職の翌日

- □健康保険資格喪失証明書
- □本人確認書類（運転免許証など）
- □印鑑

任意継続被保険者になる

退職の翌日から20日以内

- □加入していた健康保険組合、協会けんぽで手続きを行う

必要なものリスト

- □任意継続被保険者資格取得申出書
- □被扶養家族の生計維持を証明する書類
- □住民票

求職申込後４週間後

- □失業認定申告書の提出
- □４週間ごとにハローワークで失業認定を行う
- □雇用保険の失業給付＝基本手当（失業保険）の振込

すぐに働かない場合

退職の翌日から２カ月以内

- □受給期間の延長手続きを行う

必要なものリスト

- □離職票2
- □印鑑
- □ハローワークに用意されている受給期間延長申請書

退職の翌年６月頃

- □住民税の納税通知書が届く

期限までに支払う

Check! 65歳以上の年金受給者の住民税は、年金から天引きされます（一部の市区町村を除きます）

図解・決定版　定年前後のお金と手続き大事典●目次

第1章 定年前後のお金の手続き超入門

第2章 あなたがもらえる年金額はいくら？

第3章

定年前後の㊢お金の手続き

第4章

定年後のマネー&ライフプラン

第1章

定年前後のお金の手続き超入門

❖年金制度の種類としくみを知っておこう

働き方で変わる年金の種類

職業によって加入する年金制度は異なる

ひとくちに「年金」といっても、いろいろな種類があります。まず、**職業にかかわらず国民全員が加入するのが「国民年金」**です。

保険料は月額1万6410円（2019年度）で、65歳になれば、満額の場合おおよそ月6万5000円が支給されます。満額というのは、20歳から60歳までの40年間、保険料を支払った場合を指します。支払った期間が短ければ、支給額は減ります。

また、支払った期間が10年に満たない場合は、たとえ1カ月足りないだけでも、受給できません。

国民年金に加えて、**会社員・公務員の場合は「厚生年金」に加入**します（2015年10月

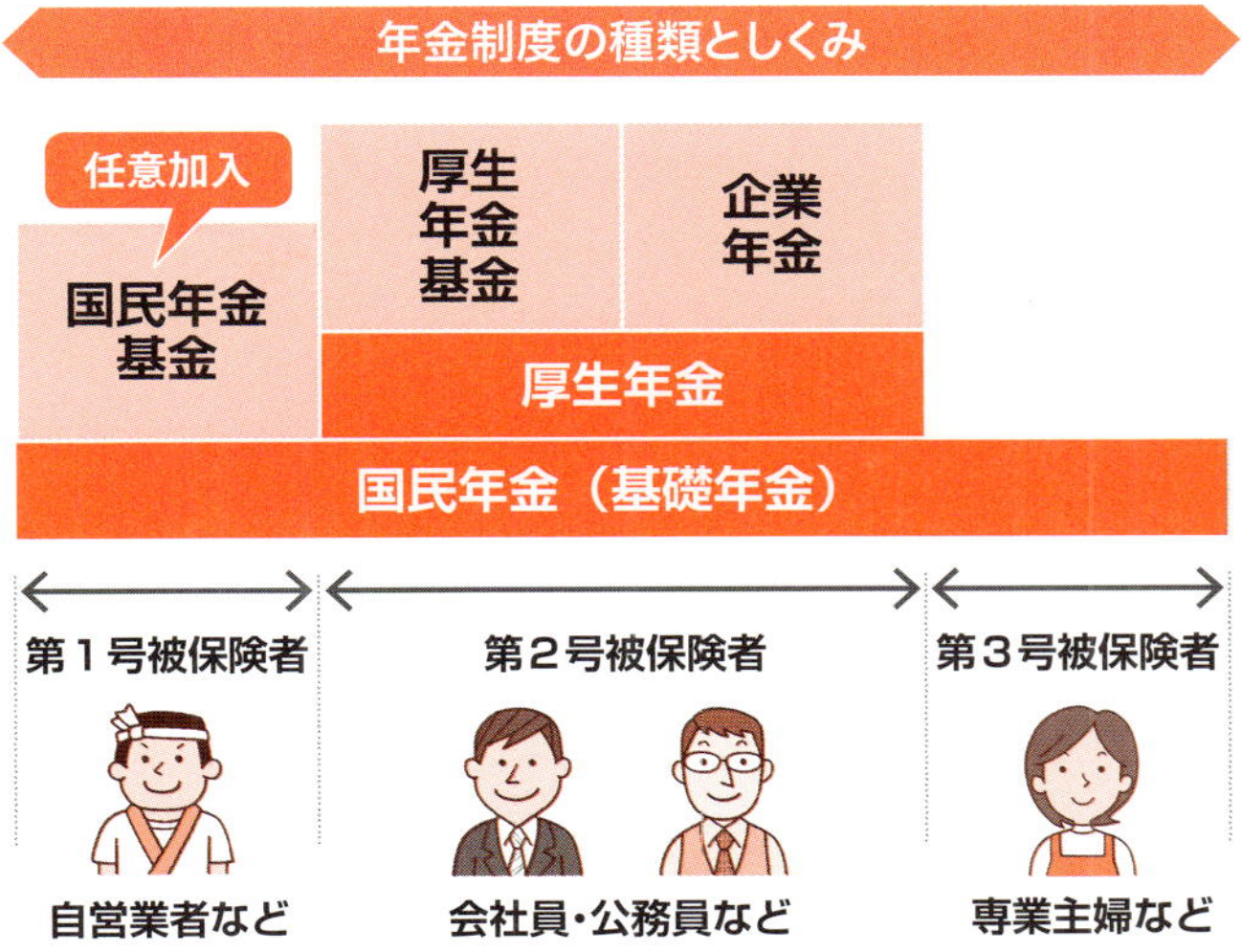

に公務員の共済年金は厚生年金に一元化されました）。

ちなみに、専業主婦（夫）は国民年金のみの加入になりますが、その保険料は配偶者が加入している厚生年金で負担されるので、配偶者が現役の会社員や公務員でいる間は、実質負担はありません。

上乗せの厚生年金とは？

会社員や公務員は、厚生年金の保険料を勤務先と折半して支払います。**給料が多いほど負担額も増えますが、将来の受給金額も多くなります**。また、厚生年金には、厚生年金基金や企業独自の企業年

被保険者の該当者と保険料の納め方

被保険者の種類	該当者	保険料の納め方
第1号被保険者	20歳以上、60歳未満の人で、第2号被保険者、第3号被保険者ではない人	定額の保険料を自分で納める
第2号被保険者	厚生年金に加入している人	保険料は事業所と折半で、給与額に応じた保険料を天引き
第3号被保険者	第2号被保険者に扶養されている配偶者（年収130万円未満）で20歳以上60歳未満の人	実質本人の負担はなし

金といった、上乗せして年金が受け取れる制度もあります。

ただ、これらの年金だけで生活するのは厳しい人も多いでしょう。第2章では、年金をもらいながらいかに働くか、ケースごとに紹介していますので、参考にしてみてください。

また、第3章では、遺族年金や加給年金など、条件によっては上乗せできる年金のもらい方を紹介しています。

第4章では、定年前後からはじめる資産運用の方法を述べています。当然リスクをともないますが、定年後の暮らしに不安があるようであれば、選択肢のひとつとして考えてみてはいかがでしょうか。

加入する年金別の受け取る年金の種類

国民年金

第1号被保険者
・自営業者
　など

国民年金基金の受給年金（加入した場合）

老齢基礎年金

厚生年金

第2号被保険者
・会社員
・公務員
　など

厚生年金基金の受給年金
企業年金の受給年金

老齢厚生年金

老齢基礎年金

年金の種別変更の例

	（定年前）	（定年後）
■勤めていた会社を退職し、無職になる →	第２号被保険者	第１号被保険者
■退職し、社会保険に加入しないアルバイトなどで働く →	第２号被保険者	第１号被保険者
■扶養者である夫が定年退職する →	第３号被保険者	第１号被保険者
■アルバイトで夫の被扶養者だったが、社員登用されて社会保険に加入した →	第３号被保険者	第２号被保険者

❖受給年齢になっても自動的にもらえるわけではない

年金をもらうための手続きを知っておこう

年金請求書が送られてきているか確認

年金は支給開始年齢になっても、**年金の請求手続きをしなければもらえません。**この手続きは原則として受給者本人が行いますが、身内の人などの代行も可能です。この場合は受給者の委任状が必要です。

日本年金機構から支給が開始される年の誕生日の原則3カ月前に、**「年金請求書」**が送られてきます。これに必要事項を記入したうえで、年金手帳、戸籍謄本《こせきとうほん》、世帯全員分の住民票、認め印、通帳などとともに、手続き先に提出してください。なお、厚生年金の加入期間、配偶者や子どもの年齢などで提出に必要な書類は異なります。年金請求書に同封されるパンフレットに詳細が記載されているので必要なものを確認しましょう。

提出先は、年金事務所もしくは年金相談センターです。国民年金のみの加入の場合は、住所地の市区町村の国民年金窓口です。

年金請求書を提出すると、1~2カ月ほどで年金の受給を証明する**「年金証書《ねんきんしょうしょ》」**が送られてきます。氏名や生年月日、振込先金融機関などに相違がないか確認して、保管しておきます。年金証書の到着後1~2カ月ほどで年金が振り込まれます。**振込日は2カ月に一度、基本的には偶数月の15日**です。

再就職後の働き方で手続きが異なる

定年後、勤めていた会社に継続して再雇用される場合は、職場がもろもろの手続きをしてくれます。しかし、別の会社に再就職する場合は、ケースごとにいくつかの手続きを自分自身で行う必要があります。

社会保険の適用事業所に就職し、厚生年金に加入する場合は、会社が加入の手続きを行います。厚生年金に加入せずに国民年金に任意加入をする場合は、自身で市区町村の国民年金窓口で手続きを行います。なお、年金受給の手続きにはマイナンバーが必要になります。

年金受給の手続きの流れ

❶ 年金受給年齢（63〜65歳※）に達する3カ月前

※女性は61〜65歳

日本年金機構から年金請求書が届く

Check!
- ☑ 基礎年金番号
- ☑ 氏名　☑ 生年月日
- ☑ 性別　☑ 住所
- ☑ 年金加入記録

↓

❷ 受付は年金受給年齢を迎えてから

- ☑ 年金手帳
- ☑ 戸籍謄本
- ☑ 世帯全員分の住民票
- ☑ 認め印　☑ 通帳

（戸籍謄本・住民票：6カ月以内に発行されているもの）

国民年金の加入のみ → 市区町村役場

厚生年金に加入していた期間がある → 年金事務所

③ 年金請求書提出後1～2カ月

日本年金機構から年金証書が届く

Check!
- ☑ 記載事項に不備がないか確認
- ☑ 氏名、生年月日、振込先口座

④ 年金の受給開始

定期支払は **偶数月の15日**

支払われる金額は支払月の前2カ月分

例1 4月の支払
⬇
2月・3月分の2カ月分

例2 2月の支払
⬇
前年12月・本年1月分の2カ月分

❖毎年必ず確認しよう！

「ねんきん定期便」の見方を知っておこう

ねんきん定期便で加入内容と見込額を確認

日本年金機構から年1回、加入者の誕生月に送られてくる**「ねんきん定期便」を見ることで、自分が将来もらえる年金額を調べることができます。**ねんきん定期便には次の3項目が記載されています。

①これまでの年金加入期間
②年金の見込額
③これまでの保険料納付額

ねんきん定期便（封書）で必ず確認したい項目

未加入期間	✔ 年金加入履歴に空白の期間（未納期間）がないか確認する。 ✔ 転職した時期などに未納となっている可能性が高いので確認する。
国民年金納付状況	✔ 月ごとの保険料を支払ったかどうか記載されている。 ✔ 厚生年金や共済組合に加入していた期間には斜線が引かれている。
標準報酬月額	✔ 厚生年金の保険料（納付額）は標準報酬月額・賞与額と保険料率によって増減する。 ✔ 転職もしていないのに、標準報酬月額が大幅に下がった記録などがある場合は要注意。

すでに受給している場合は、①と③のみ記載されています。

このうち②の「年金の見込額」は、50歳未満の人と50歳以上の人とでは書かれている内容が異なります。

50歳以上の場合、加入者の現時点での年金加入状況がそのまま60歳まで続くと想定した場合の見込額です。

加入者の所得がそのあとに下がったり、早期退職した場合は減っていきます。

50歳未満の場合、②に記

載されているのは「これまでの加入実績に応じた年金額」です。そのため、将来、実際にもらえる額と比べると少なめに記載されていますが、日本年金機構が運営している「ねんきんネット」で、国民年金と厚生年金の見込額を試算できます。

試算方法は、国民年金に関しては今後保険料を納付する月数を記入して行います。厚生年金に関しては今後定年までもらうであろう給与の月額平均（賞与含む）を自分で予想する必要があります。

「ねんきんネット」を使った年金額の試算は30ページで紹介します。

なお、「ねんきん定期便」は年金の加入記録に誤りがないかを確認するためのものです。封書のねんきん定期便が届く35歳、45歳、59歳の人は、加入記録をしっかりチェックしましょう。

加入記録の内容が間違っていたときの手続き

記録が間違っている!

・年金加入記録回答票に訂正内容を記載
・日本年金機構へ返信

回答票の内容に基づき、日本年金機構が調査
(3～4カ月かかる場合もある)

調査の結果が被保険者記録照会回答票として届く

以後の定期便は、調査結果が反映されたものになる

訂正完了!

Point!
35、45、59歳時には、封書で「ねんきん定期便」が届きます。「ねんきん定期便」では、未加入期間や納付状況など、あなたの年金加入記録を確認できます。

❖いつでも年金の確認、試算ができる便利ツール

「ねんきんネット」で自分の年金額を確認する

アクセスキーを使ってねんきんネットに登録

ねんきんネットは、自分の年金加入期間を調べたり、将来もらえる年金額を試算したりすることができるウェブサービスです。ねんきんネットを利用するためには「アクセスキー」と呼ばれる17ケタの番号が必要になります。アクセスキーは毎年誕生月に送られてくる「ねんきん定期便」に記載されています。ただし、**アクセスキーの有効期限は3カ月**だけです。有効期限が切れた人、ねんきん定期便をなくしてしまった人は、ねんきんネットのトップページから申し込むことができます。3～5日でユーザIDが郵送されてきます。

手続きは少し手間がかかりますが、登録しておけば何かと便利です。とくに、**将来の年金見込額を試算してくれるサービスは非常に有用**です。

ユーザIDを取得する

❶日本年金機構の「ねんきんネット」のページ（www.nenkin.go.jp/n_net/）にアクセスします。

❷「新規登録」をクリックします。

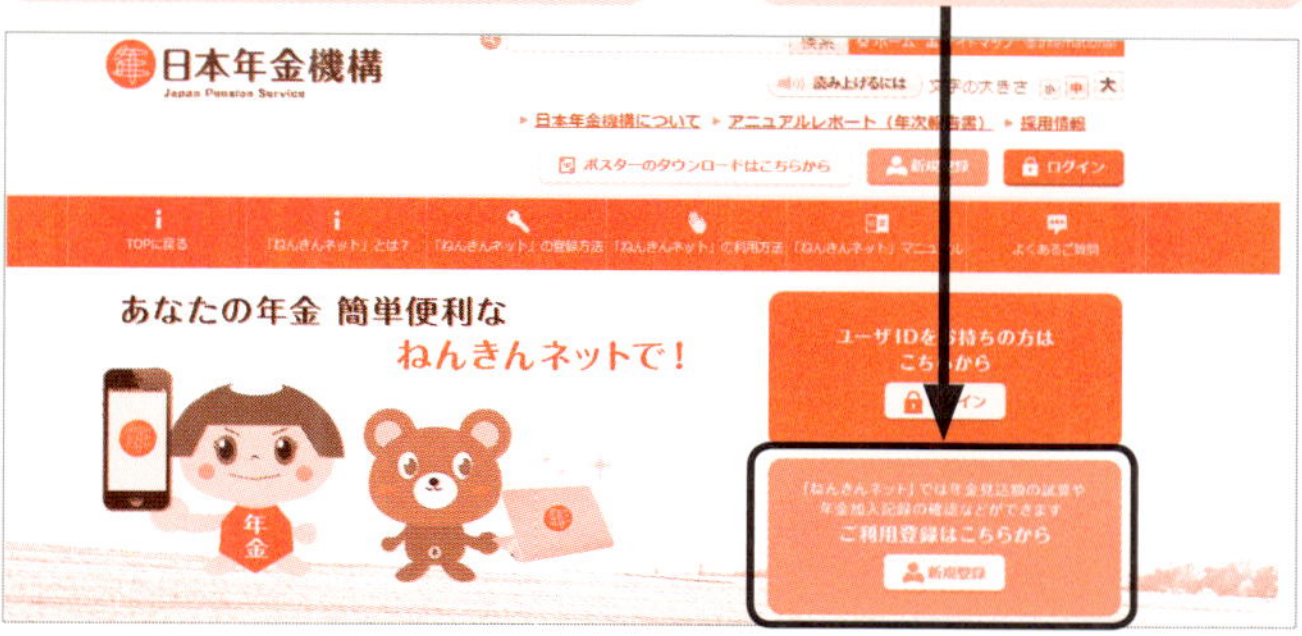

❸「ご利用登録（アクセスキーをお持ちの方）」をクリックします。

❹次の画面で利用規約を確認し、「同意する」をクリックします。

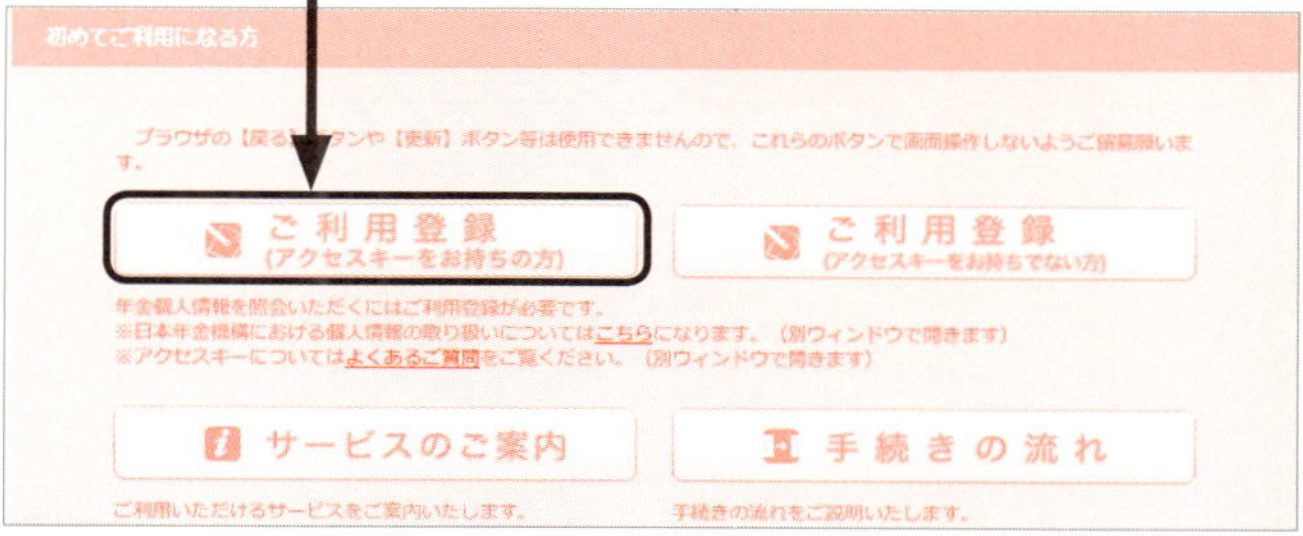

Point! アクセスキーがない場合は、「ご利用登録（アクセスキーをお持ちでない方）」から進み、必要事項を入力して送信しましょう。

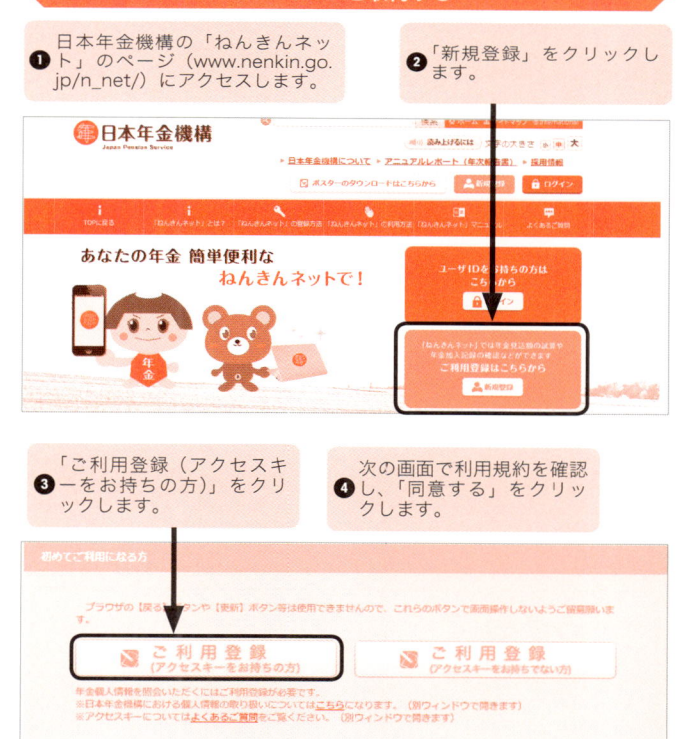

❺「アクセスキー」を入力します。

❻「基礎年金番号」を入力し、確認のため空欄に該当する数字を入力します。

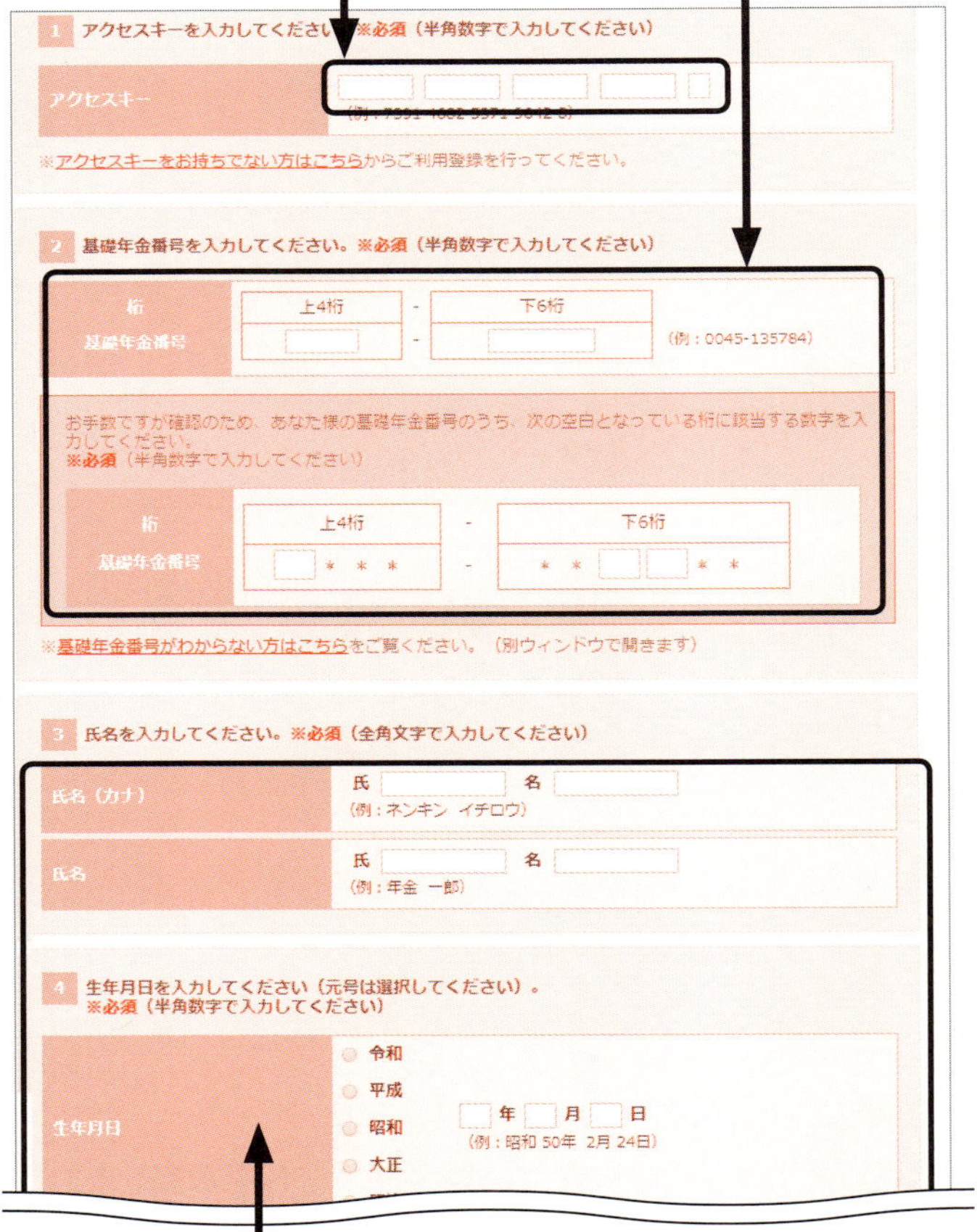
1 アクセスキーを入力してください。※必須（半角数字で入力してください）

アクセスキー

※アクセスキーをお持ちでない方はこちらからご利用登録を行ってください。

2 基礎年金番号を入力してください。※必須（半角数字で入力してください）

桁	上4桁	-	下6桁	
基礎年金番号		-		（例：0045-135784）

お手数ですが確認のため、あなた様の基礎年金番号のうち、次の空白となっている桁に該当する数字を入力してください。
※必須（半角数字で入力してください）

桁	上4桁	-	下6桁
基礎年金番号	＊ ＊ ＊	-	＊ ＊ ＊ ＊

※基礎年金番号がわからない方はこちらをご覧ください。（別ウィンドウで開きます）

3 氏名を入力してください。※必須（全角文字で入力してください）

氏名（カナ）	氏 名 （例：ネンキン イチロウ）
氏名	氏 名 （例：年金 一郎）

4 生年月日を入力してください（元号は選択してください）。
※必須（半角数字で入力してください）

生年月日	令和 平成 昭和 大正 年 月 日 （例：昭和 50年 2月 24日）

❼「氏名」「生年月日」「性別」を入力、あるいは選択します。

❽「パスワード」を設定します。忘れないようにメモなどをとっておきましょう。

❾「秘密の質問」と「秘密の答え」を設定します。忘れないようにメモなどをとっておきましょう。

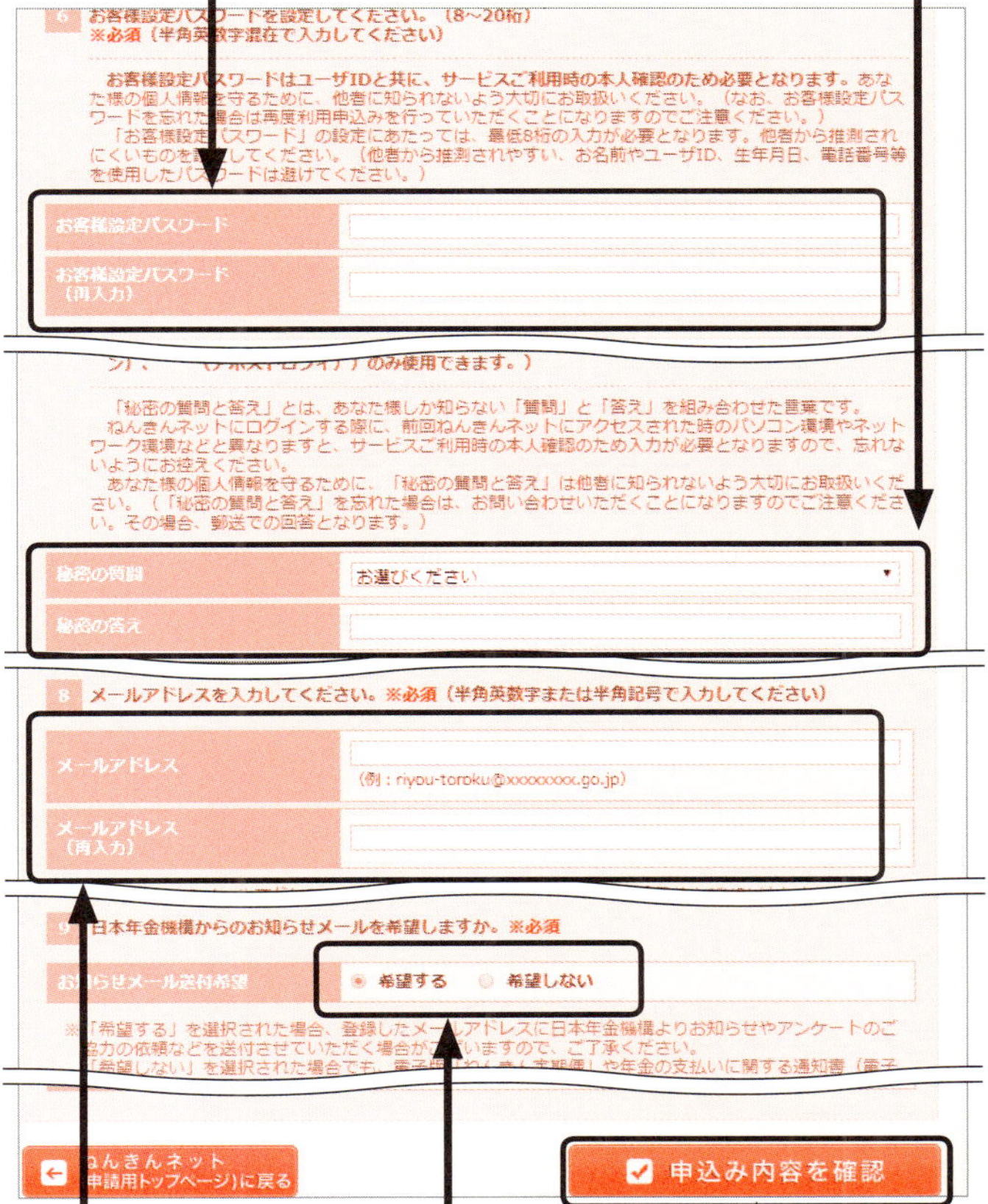

6 お客様設定パスワードを設定してください。（8～20桁）
※必須（半角英数字混在で入力してください）
お客様設定パスワードはユーザIDと共に、サービスご利用時の本人確認のため必要となります。あなた様の個人情報を守るために、他者に知られないよう大切にお取扱いください。（なお、お客様設定パスワードを忘れた場合は再度利用申込みを行っていただくことになりますのでご注意ください。）

「お客様設定パスワード」の設定にあたっては、最低8桁の入力が必要となります。他者から推測されにくいものを設定してください。（他者から推測されやすい、お名前やユーザID、生年月日、電話番号等を使用したパスワードは避けてください。）

お客様設定パスワード
お客様設定パスワード（再入力）

のみ使用できます。）

「秘密の質問と答え」とは、あなた様しか知らない「質問」と「答え」を組み合わせた言葉です。

ねんきんネットにログインする際に、前回ねんきんネットにアクセスされた時のパソコン環境やネットワーク環境などと異なりますと、サービスご利用時の本人確認のため入力が必要となりますので、忘れないようにお控えください。

あなた様の個人情報を守るために、「秘密の質問と答え」は他者に知られないよう大切にお取扱いください。（「秘密の質問と答え」を忘れた場合は、お問い合わせいただくことになりますのでご注意ください。その場合、郵送での回答となります。）

❿「メールアドレス」を入力します。

⓫お知らせメールを受け取るかどうかチェックします。

⓬「申込み内容を確認」をクリックします。

お選びください

8 メールアドレスを入力してください。※必須（半角英数字または半角記号で入力してください）

（例：riyou-toroku@xxxxxxxx.go.jp）
メールアドレス（再入力）
日本年金機構からのお知らせメールを希望しますか。※必須
お知らせメール送付希望
希望する
希望しない
ねんきんネット（申請用トップページ）に戻る

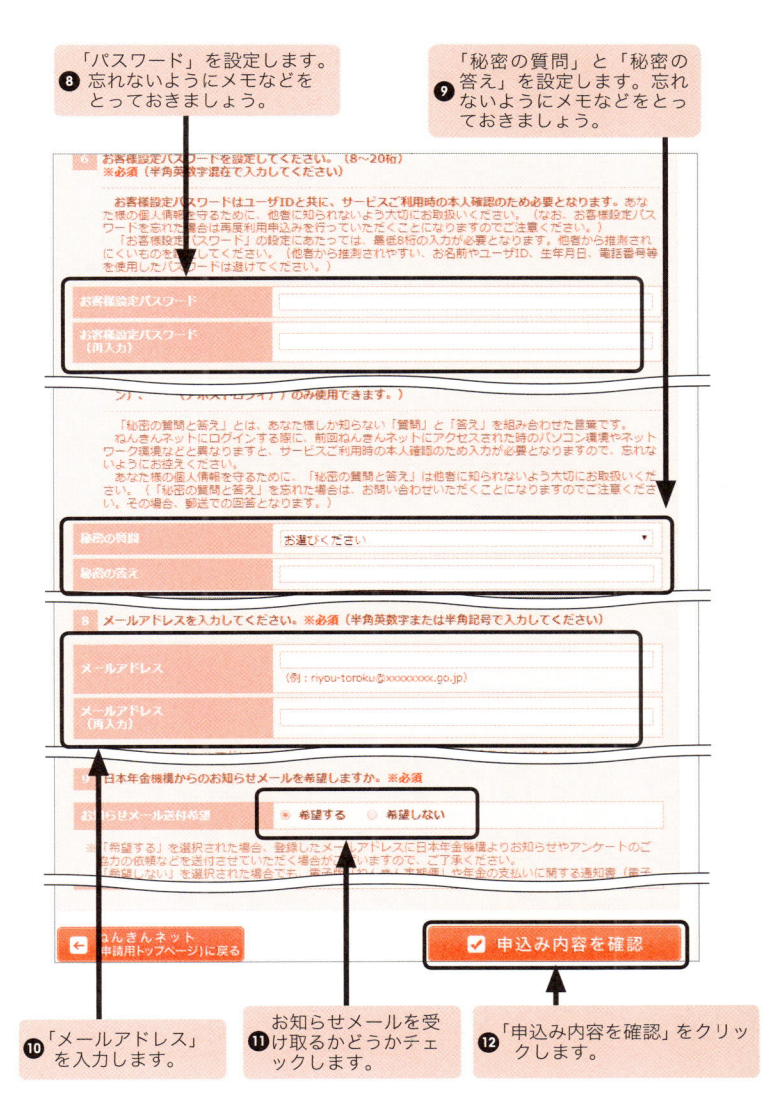

加入記録を確認しよう

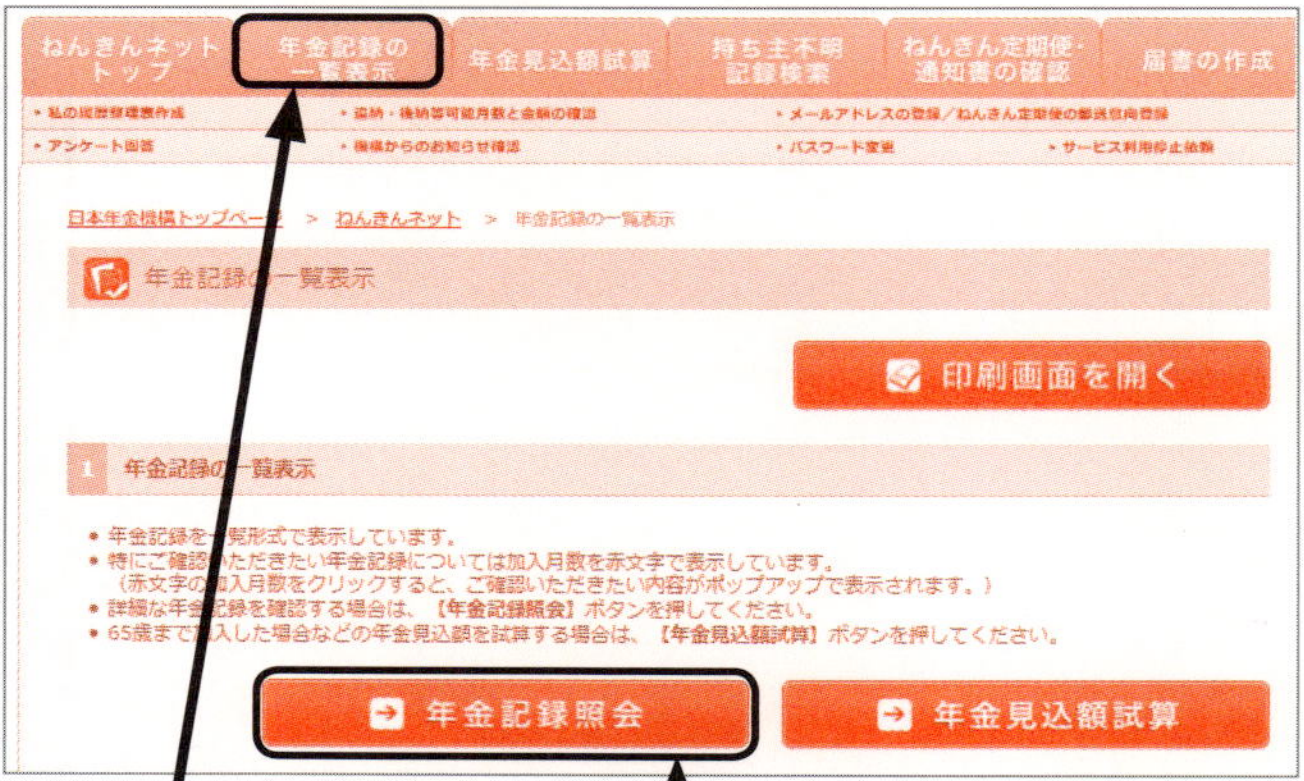

❶トップページの「年金記録の一覧表示」をクリックします。

❷「年金記録照会」をクリックします。

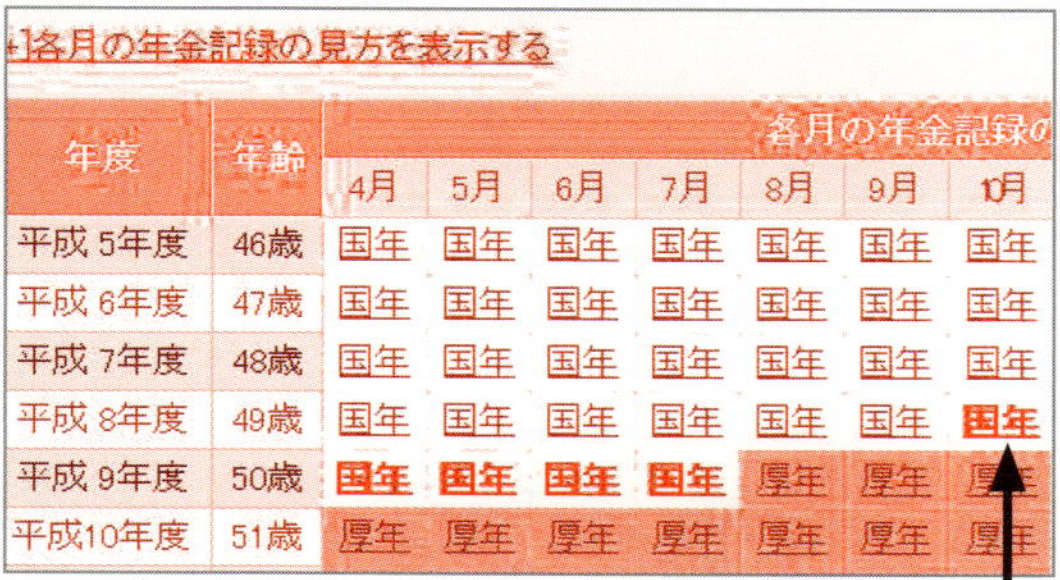

❸各月の年金加入記録が確認できます。

未納月など要注意の記録がある場合は「赤文字」で強調されます。加入記録に赤字があった場合は注意しましょう。

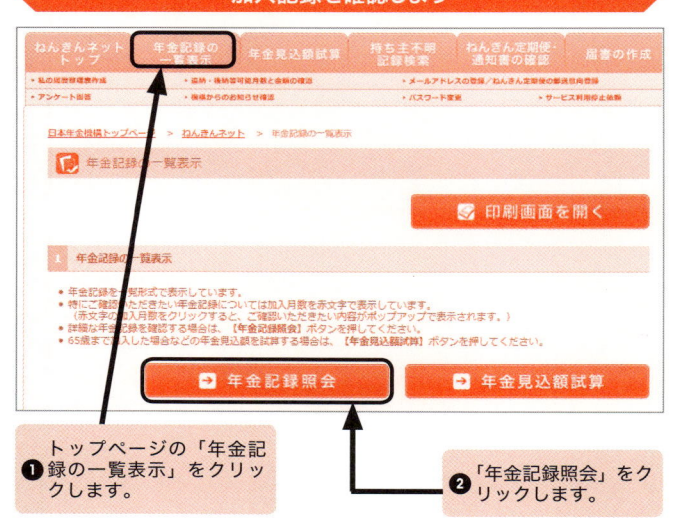

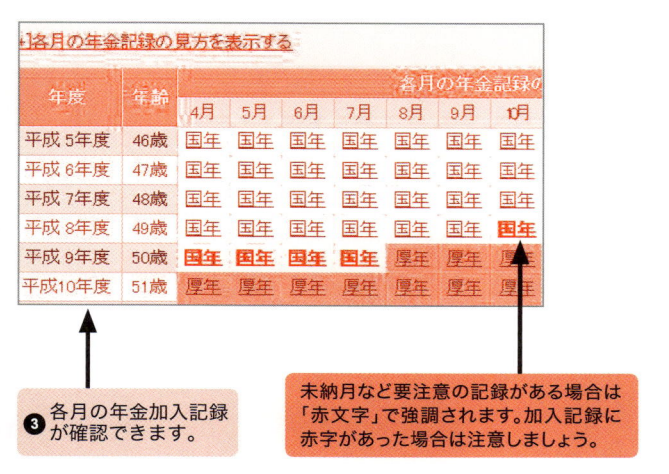

こんなときは「ねんきんネット」を使ってみよう

定年後に知人の紹介で働くことになったのだけど、年金が減ったりするのかな？

「年金見込額試算」のページで、さまざまな条件下での年金見込額が算出できます。

確定申告に必要な源泉徴収票を紛失してしまった！

「年金の支払いに関する通知書の確認」のページからダウンロードができます。

❖提出先は加入していた年金制度ごとに異なる

年金請求書の提出から年金証書が届くまで

年金請求書、ここだけチェックしよう！

全20ページの年金請求書のうち、**おもな記入箇所は約9～10ページ**です。2ページ目以降の見開きには、左ページに書き方の注意があるので、そちらを確認しながら右ページに必要事項を記入しましょう。

また、印字されている加入記録などに不備や誤りがないかも確認しましょう。

●記入箇所は黄色の枠内

⬇記入は黒のボールペンで、わかりやすい書体で記入する。

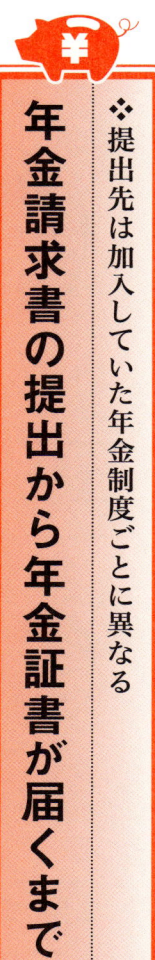

●うっかり間違えてしまった！

⬇二重線を引いて、1ページ目の「署名押印欄」に押した印鑑と同じもので訂正印を押す。印字の内容に間違いがある場合は、二重線を引いて訂正する。

●年金受給と雇用保険の確認

⬇7ページ目は、年金受給と雇用保険の現在の加入状況を記入する。「雇用保険被保険者証」を用意して、必要事項を転記する。

●家族と生計維持関係について

⬇9ページ目は、事実上の婚姻関係も含めた配偶者や子について記入する。11ページ目は、年金の請求者に生計を維持する配偶者や子がいる場合は、加給年金の対象になるので必要事項を記入する。

●控除対象となる配偶者や扶養親族を確認

⬇一定額以上の年金は、税金を源泉徴収されるので、配偶者控除を受ける際は19ページ目に必要事項を記入する。国民年金のみの受給の場合は、記入の必要はない。

年金請求書が届かない！

次の場合は、年金請求書ではなく、はがきが届きます。2つのうち自分がどちらに該当するか確認し、手続きをしましょう。

●国民年金のみの加入者だった場合

⬇「老齢年金のお知らせ」のはがきが届く。また、厚生年金の加入期間が1年未満の場合も、このはがきが届く。

●年金加入期間が足りない場合

⬇「年金加入期間の確認について（ご案内）」のはがきが届く。

年金請求書はどこに提出するのか

今まで加入していた年金制度によって、年金請求書の提出先は異なります。

●最後に加入していた年金制度が厚生年金の人（一般的な会社員など）

⬇最寄りの年金事務所（「街角の年金相談センター」でも受け付けている）。

●共済組合に加入していた人、かつて厚生年金保険に加入していた人、国民年金第3号被保険者だった人（公務員、専業主婦など）

⬇最寄りの年金事務所（「街角の年金相談センター」でも受け付けている）。

●すべての加入期間が国民年金のみの人（自営業者、農業者など）

⬇市区町村の国民年金の担当窓口。

年金機構からのお知らせを確認しよう

年金証書が到着後、年金の受給が開始されるとともに、日本年金機構から、さまざまな書類が届きます。重要なお知らせが多いので、きちんと確認しましょう。

毎年6月上旬頃 「年金振込通知書」が届く	→	通常、6月に支払われる本年4月・5月分から翌年3月分までの1年分の支給年金額が記載されている。
毎年1月頃 「公的年金等の源泉徴収票」が届く	→	確定申告で必要となるので、きちんと保管する。また、この書類が届いたら確定申告の準備を進める。

年金証書は大切に保管する

年金請求書を提出してから1～2カ月後に「年金証書」が届きます。**年金証書は、年金を受け取っている人にとっての身分証明書**ともいえるものなので、大切に保管しましょう。

万が一、年金証書を紛失してしまった場合は、最寄りの年金事務所か市区町村役場の国民年金の窓口で再交付してくれます。なくしてしまった人は相談に行きましょう。

❖加給年金の受給、控除を受ける場合の手続き

年金受給後も、さまざまな手続きがある

控除を受けるための書類を用意しよう

年金は、受給中でも、いくつかの手続きが必要になります。必要に応じて、忘れずに手続きをしましょう。

●扶養親族等申告書

年金は税法上「雑所得《ざつしょとく》」となり、一定額以上の支給には所得税などが課税されますが、**「扶養親族等申告書《ふようしんぞくとうしんこくしょ》」を提出すれば控除を受けられます。**

配偶者や扶養親族がいなくても、控除を受けるためには、この申告書の提出が必要です。

毎年10月下旬以降に送付されるので12月の指定日までに日本年金機構に提出します。

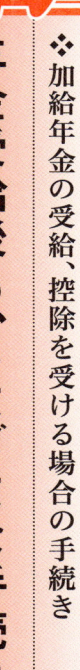

扶養親族等申告書を提出する方法

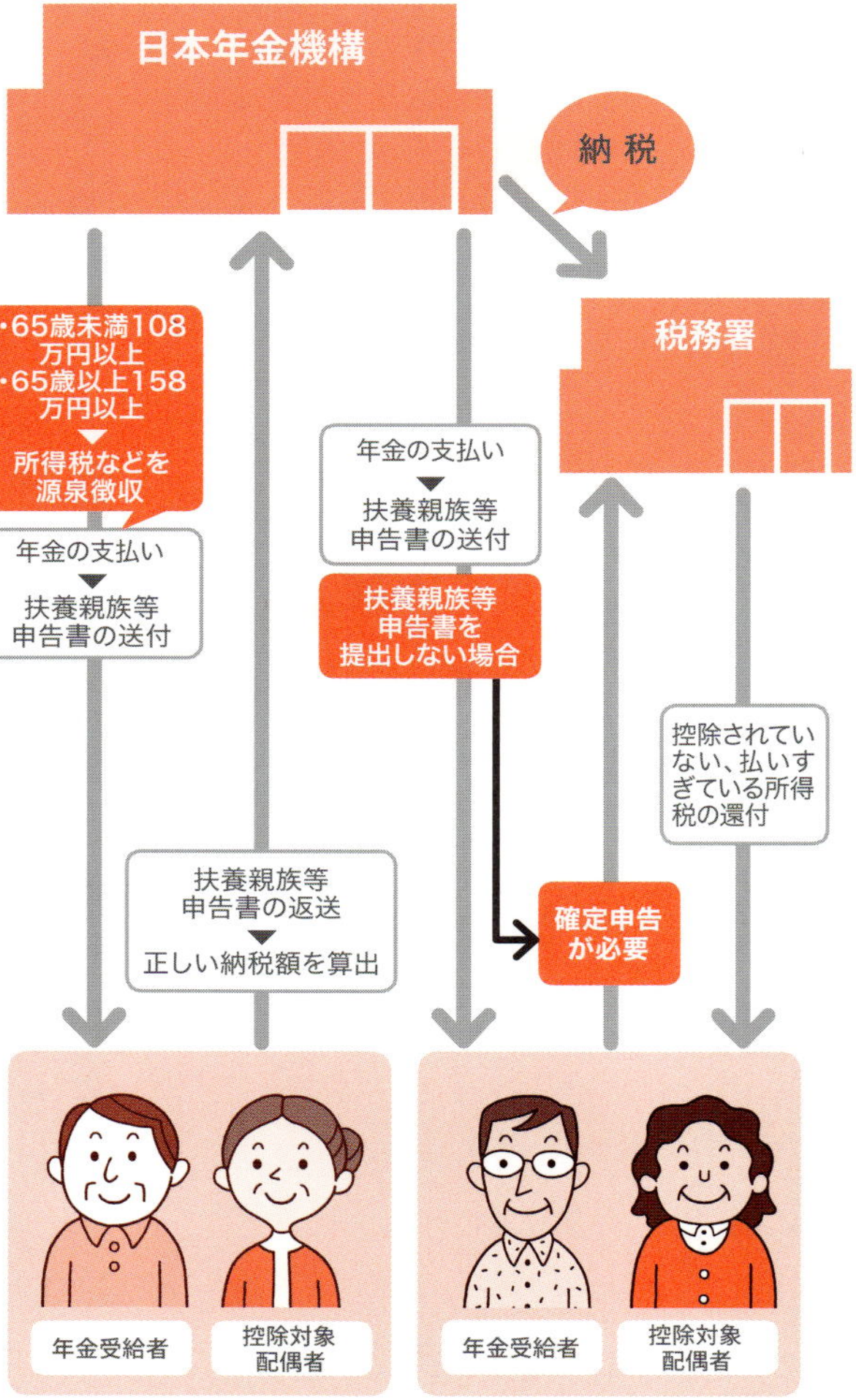
日本年金機構
納税
税務署
・65歳未満108万円以上
・65歳以上158万円以上
▼
所得税などを源泉徴収
年金の支払い
▼
扶養親族等申告書の送付
扶養親族等申告書の返送
▼
正しい納税額を算出
年金の支払い
▼
扶養親族等申告書の送付
扶養親族等申告書を提出しない場合
確定申告が必要
控除されていない、払いすぎている所得税の還付
年金受給者
控除対象配偶者
年金受給者
控除対象配偶者

現況届の提出該当者

- ☑ 外国籍の人
- ☑ 外国に住んでいる人
- ☑ 日本年金機構が管理している **基本情報** と住基ネットの **データ** が一致しない人
  - 氏名、生年月日、性別、住所

●現況届

受給者が亡くなると年金の受給権がなくなるので、**生存確認をするための「年金受給権者現況届《ねんきんじゅきゅうけんじゃげんきょうとどけ》」の提出が必要**になります。

多くの人はこの届け出は不要ですが、上図に現況届の提出が必要な人を記したので、該当する人は忘れずに提出しましょう。

●生計維持確認届

加給年金の対象者が引き続き加給年金を受けるには、**配偶者や子どもとの生計維持関係を確認する「生計維持確認届《せいけいいじかくにんとどけ》」を提出**します。日本年金機構から毎年誕生月にはがきが届くので、必要事項を記入して返送します。

ケース別のその他の手続き書類

提出先は日本年金機構(年金事務所)

住所や振込先金融機関を変更する場合 →	年金受給権者住所・受取機関変更届
支払通知書が届かなかったり、なくしてしまった場合 →	支払通知書亡失(未着)届
年金証書が汚れてしまった、なくしてしまった場合 →	年金証書再交付申請書
結婚・離婚などで氏名が変わった場合 →	年金受給権者氏名変更届

●65歳になったときの届け

60歳代前半に特別支給の老齢厚生年金を受給している場合、**65歳以降は、特別支給の老齢厚生年金に代わり、新たに老齢基礎年金と老齢厚生年金を受給**します。受給には65歳の誕生月の初め頃に日本年金機構から送られてくる年金請求書に必要事項を記入し、返送します。

●その他の手続き

年金受給後、引っ越して住所が変わったときは「年金受給権者住所変更届」、年金の受け取り先の金融機関を変えたいときは「年金受給権者受取機関変更届」、結婚などで名字が変わったときは「年金受給権者氏名変更届」を、それぞれ年金事務所に提出しましょう。

❖世帯保険料の合計で損をしないようにする

退職後の健康保険は自分で選ぶ

任意継続被保険者制度で家族を扶養に入れることができる

会社員は協会けんぽや健康保険組合に加入しますが、**退職後はどの保険に加入するかを自分自身で選択**します。

協会けんぽや健康保険組合では配偶者や子どもを扶養に入れることができ、被扶養者は保険料を支払わなくても、医療を原則3割負担で受けられます。

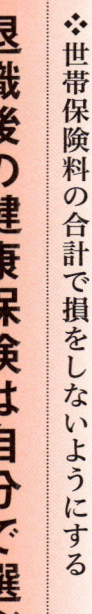

退職後すぐに再就職し、勤務先で健康保険に加入すれば家族を扶養に入れることは可能ですが、国民健康保険では扶養という概念がありません。**今まで被扶養者となっていた家族もそれぞれが国民健康保険に加入**して保険料を支払います。

また、一定の要件を満たすと、退職しても元の勤務先の健康保険に最長で2年間加入できる、**任意継続被保険者**の制度があります。この制度を利用すれば、今まで被扶養者だった家族も扶養からはずれる必要はありません。家族の健康保険の被扶養者になれない場合や、今まで被扶養者だった家族が国民健康保険に加入すると世帯の保険料が上がる場合などに利用するとよいでしょう。手続きは原則本人が、加入していた公的医療保険（健康保険組合・協会けんぽなど）で行います。

国民健康保険と任意継続被保険者どちらがおトク？

国民健康保険と任意継続被保険者の選択は、被扶養者の人数や住んでいる市区町村、**退職時の保険料などから計算して世帯の保険料の合計額が安いほうを選ぶとよい**でしょう。国民健康保険料は市区町村ごとに異なりますので、退職前に市区町村の健康保険窓口で調べておきましょう。

どちらがよいか判断できない場合は、**期日を1日でも過ぎてしまうと、正当な理由がないかぎり加入できなくなるため、任意継続被保険者の手続きをしておくほうがいい**でしょう。国民健康保険に切り替えたい場合は、国内に住所さえあればいつでも切り替え可能です。

保険料を比べてみよう

任意継続被保険者と国民健康保険の比較例（退職時）

条件

- ☑ 夫婦ともに60歳で二人暮らし、妻は専業主婦
- ☑ 退職時の年収は700万円
- ☑ 勤務先は東京都内、住まいは東京都中央区
- ☑ 勤務先の健康保険は協会けんぽ

↓

保険料率や前年の所得によって毎年変わります。年ごとに確認するようにしましょう

	保険料
国民健康保険（東京都中央区の場合）	年間約83万円
任意継続被保険者	年間約42万円（上限額）

住所地によっては年間41万円の差が！

❖必要書類は加入する健康保険によって違う

健康保険の加入手続きの方法を知ろう

健康保険を早めに決めて手続きの準備をはじめる

退職後に加入する健康保険によって手続きや必要な書類は異なります。**再就職し、勤務先で健康保険に加入する場合、手続きは勤務先の担当者が行います。**手続きの期限は入社日から5日以内ですが、保険証が届くまでに2週間ほどかかる場合もあります。

ただし、加入の手続き時に、勤務先の担当者が年金事務所に**「健康《けんこう》保《ほ》険《けん》被《ひ》保《ほ》険《けん》者《しゃ》資《し》格《かく》証《しょう》明《めい》書《しょ》交《こう》付《ふ》申《しん》請《せい》書《しょ》」**を提出すると、本人と被扶養者に証明書が発行され、保険証がなくても医療費は3割負担になります。

任意継続被保険者の制度を利用する場合は、退職後も会社の健康保険に加入しますが、在

健康保険別の加入手続き

	再就職先で加入	任意継続被保険者	国民健康保険	家族の扶養に入る
加入条件	正社員、もしくは所定労働時間が正社員の3/4以上	退職の前日まで継続して2カ月以上被保険者であったこと	国内に住所があること	年収180万円(60歳未満は130万円)未満
手続場所	再就職先の担当者が行う	協会けんぽ、または健康保険組合	住所地の市区町村	家族の勤務先の担当者が行う
手続期限	入社日から5日以内	退職日の翌日から20日以内	退職日の翌日	原則、退職日の翌日から5日以内
必要書類	家族を扶養に入れるときは、家族の収入証明書など	家族を扶養に入れるときは、生計維持関係が証明できるものが必要となる場合がある	健康保険資格喪失証明書、本人確認書類(免許証など)、印鑑(認印可)	退職証明書、所得証明書など
保険料	再就職先の賃金による	退職時の賃金による(上限あり)	前年の所得などをもとに各市区町村ごとに計算	無料

新しい健康保険の手続き中に病院に行く場合

定年退職日の翌日で
健康保険の資格を喪失

↓

急な事故や病気

↓

ひとまず全額自己負担で
医療費を支払う

↓

新しい保険証ができたら、「療養費の支給制度」を利用して、払い戻しを受ける

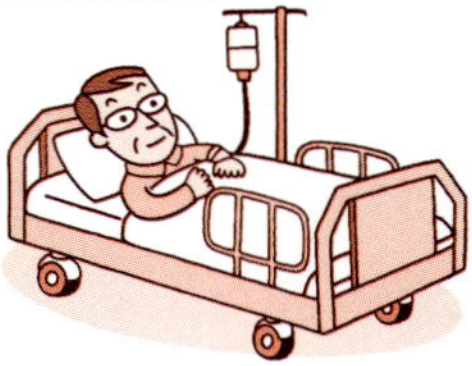

職中の保険証とは変わります。勤務先の担当者が退職後5日以内に喪失手続きをすると、新たな保険証が発行されます。スムーズな発行のために、在職中の保険証を被扶養者の分と合わせて早めに返却しましょう。

国民健康保険に加入する場合は、市区町村の国民健康保険窓口に「健康《けんこう》保《ほ》険《けん》資《し》格喪失《かくそうしつ》証明書《しょうめいしょ》」を提出します。

これは健康保険からの脱退を証明するもので、資格喪失手続きをしただけでは発行されません。退職前に勤務先に問い合わせておきましょう。

家族の扶養に入る場合、手続きは家族の勤務先の担当者が行います。離職

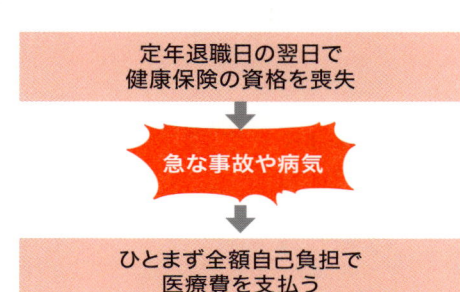

票や退職証明書といった退職を証明するものが必要となる場合があります。**家族の扶養に入るには年収180万円（60歳未満は130万円）未満という制限**があり、年金をもらいながら失業保険を受給すると扶養に入れないケースが多いでしょう。そのため、受給中は国民健康保険に加入し、受給終了後に扶養に入るとよいでしょう。

受給後に手続きをする場合でも、必要書類を家族の勤務先に事前に聞いておくことが必要です。

年金受給者が退職をして再就職しない場合

国民健康保険には、**年金受給者が加入する退職者医療制度**があります。この制度は国の財源が変わるだけで保険料も給付も一般の国民健康保険とまったく同じです。

ただし、国民健康保険の加入者で要件に該当する人は加入が義務付けられ、健康保険窓口で手続きが必要です。

❖手続きが遅れると全額支給前に打ち切られることも

定年後、再就職までの間、失業保険をもらう

失業保険の受給には最低限の求職活動と指定日の確認が必須

ここでは、定年後、再就職する場合に、失業保険をもらうための手続きを簡単に説明していきます。

退職後およそ10日で会社から「離職票《りしょくひょう》1・2」という書類が送られてきます。これを持って、管轄のハローワークに行きます。

雇用保険の失業給付（失業保険）の受給可能期間は原則1年ですので、早めに自宅住所を管轄するハローワークに行き、受給の手続きをしましょう。手続きが遅れると、失業保険を全額受給する前に途中で打ち切られる可能性もあります。

離職票が送られてきたら、記載内容を確認します。退職理由によって給付日数が異なるた

失業保険の日額

●失業保険額の算出方法

退職前6カ月間の給与／180日×45〜80%

●失業保険額の上限

30歳未満	6,815円
30歳以上45歳未満	7,570円
45歳以上60歳未満	8,335円
60歳以上65歳未満	7,150円

2019年8月1日現在
毎年8月1日に改定される場合があります

め、会社側が記載した退職理由をしっかりとチェックしましょう。

自己都合退職の場合、失業保険の受給開始まで3カ月間の給付制限があり、退職後すぐには受給できません。しかし、**定年退職の場合はこの給付制限がありません。**

また、解雇や倒産など会社都合の退職や、自己都合退職であっても病気や怪我、体力不足、親の介護などが理由の場合、給付制限はありません。

手続きしたハローワークであらかじめ指定された4週間に1回の認定日に行き、原則4週間に2回以上の求職活動の実績が確認されると、約1週間後に4週間分の失業保険が振り込まれます。

失業保険の給付日数

●一般受給資格者（自己都合退職、定年退職）

被保険者期間		
1年以上 10年未満	10年以上 20年未満	20年以上
90日	120日	150日

Point!

65歳以上で離職した場合、1年以上の被保険者期間があれば、一時金として50日分の失業保険が支給されます。

●特定受給資格者、特定理由離職者（会社都合退職）

	被保険者期間				
	1年未満	1年以上 5年未満	5年以上 10年未満	10年以上 20年未満	20年以上
30歳未満	90日	90日	120日	180日	—
30歳以上 35歳未満	90日	120日	180日	210日	240日
35歳以上 45歳未満	90日	150日	180日	240日	270日
45歳以上 60歳未満	90日	180日	240日	270日	330日
60歳以上 65歳未満	90日	150日	180日	210日	240日

認定日以外では基本的に対応されないので、日付をよく確認しておきましょう。

条件によっては受給期間の延長や年金との選択が可能

失業保険は、原則として退職日の翌日から1年以内に受給しなければなりません。ただし、年齢によって条件が異なります。

●60歳以上65歳未満で退職した場合

退職日の翌日から2カ月以内にハローワークに申し出ることで、受給期間を最長1年間延長することができます。親の介護のために退職後30日以上職業に就くことができない場合は、受給期間を最長3年間延長することができます。ただし、受給できる期限を延長するもので、失業保険の給付日数が増える（つまり総受給額が増える）わけではありません。

●年金支給が停止される場合

なお、65歳未満の場合、失業保険と老齢年金を同時には受給できません。ハローワークで

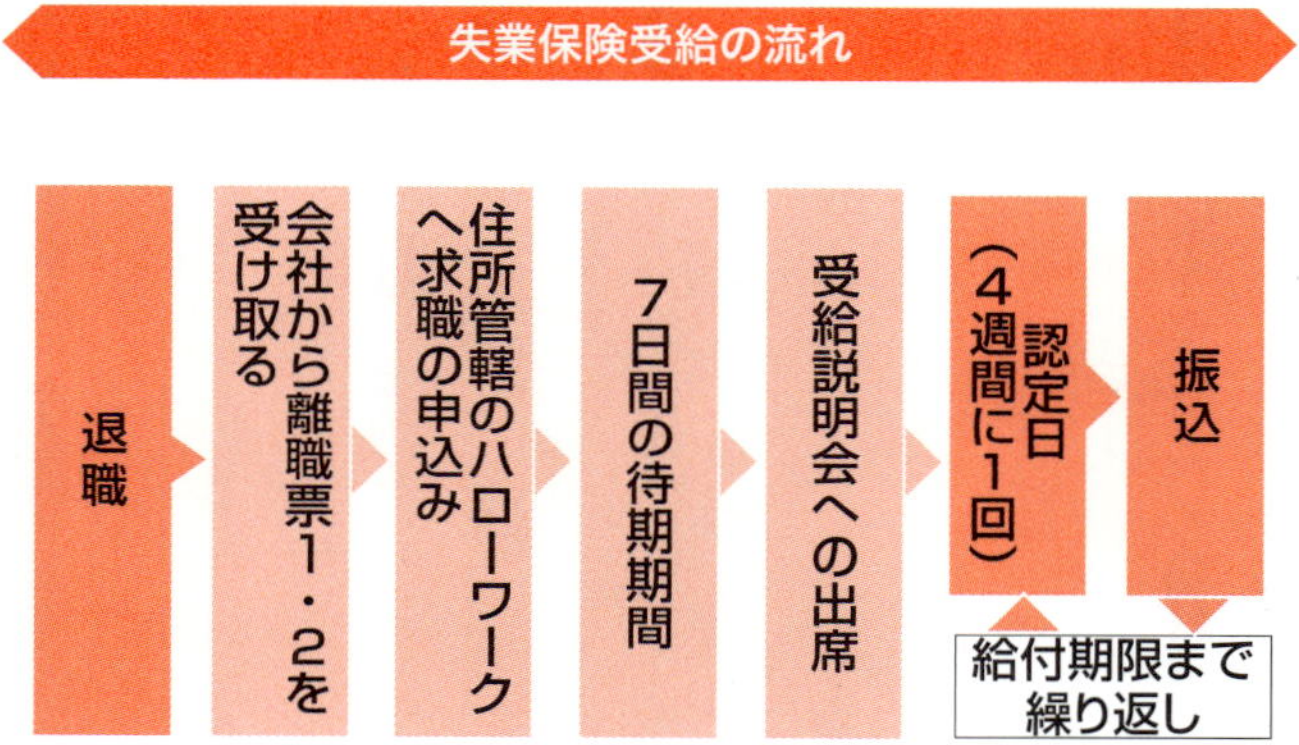

Point!

自己都合退職の場合は3カ月間の給付制限があります。定年退職であれば、給付制限期間はありません。

求職の申込みを行った翌月から、失業保険の受給が終了する月まで、年金は全額支給停止されます。求職の申込みをしなければ年金の受給が可能なので、失業保険と比較して多いほうを選びましょう。

●失業保険を受給中に65歳になった場合

その翌月から年金は全額支給されます。このときは、失業保険と年金のどちらも受給できます。

❖減額幅が大きければ補てん支給される

再就職で給料が下がると給付金が出ることも

60歳以降に賃金が下がると、給付金がもらえる

現代は、定年退職以降も継続雇用制度や再雇用制度などで働き続けられる環境です。

しかし、多くの会社では60歳前よりも賃金が大幅に下がります。

そこで**一定の割合を超えて減額されると、雇用保険から「高年齢《こうねんれい》雇用《こよう》継続《けいぞく》給付《きゅうふ》」が受給できる制度**があります。この給付には、**高年齢雇用継続基本給付金**と、**高年齢《こうねんれい》再就職《さいしゅうしょく》給付金《きゅうふきん》**の2種類があります。

定年退職後の働き方は、正社員以外にパートタイマーや契約社員、嘱託《しょくたく》など多様な雇用形態が考えられます。高年齢雇用継続給付は、雇用保険の加入が要件のひとつなので、**週20時間未満の労働の場合は対象にならない**ため注意が必要です。

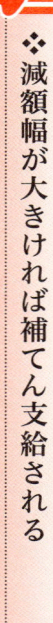

高年齢雇用継続給付の受給要件

高年齢雇用継続基本給付金	高年齢再就職給付金
❶ 60歳以上65歳未満で雇用保険の被保険者であること	
❷ 5年以上雇用保険の被保険者であったこと	
❸ 60歳以降の賃金が、60歳時点の75%未満に減額されていること	
❹ 継続雇用、または失業保険を受給せずに再就職したこと	❹ 失業保険の支給日数を100日以上残して60歳以降に再就職したこと

Point!
❶～❹のすべての条件を満たす必要があります。しっかり確認しておきましょう。なお、手続きはハローワークで行います。

支給額は60歳時点の賃金（60歳に到達する前6カ月間の平均賃金）と60歳以降の各月の賃金の差によって算出されます。60歳時点の賃金の61％以下に減額した場合、各月の賃金の15％相当額となり、61％～75％に減額した場合、その減額率に応じて支給されます。

ただし、減額の理由が、本人の非行などによる懲戒、欠勤、遅刻、早退などによる場合は、その減額された額も支払われたとみなして計算されます。

手続きは、**2カ月に一度、会**

社を管轄するハローワークに支給申請書を提出します。

初回の手続きの期限は、支給対象月（受給要件を満たし、給付金の支給対象となった月のこと）の初日から4カ月以内です。2回目以降の期限はハローワークで指定された日になります。期限を1日でも過ぎてしまうとその回は受給できなくなるので、注意が必要です。

手続きは原則本人が行うこととされていますが、労使間で協定を結べば会社が本人に代わって手続きを行うことができるので、通常は会社が手続きをします。

働く期間に合わせて再就職手当の受給を検討する

在職老齢年金（特別支給の老齢厚生年金）を同時に受給している場合は、高年齢雇用継続給付の支給額によって年金の一部が支給停止になることがあり、最大で標準報酬月額の6％分です。

一方、再就職手当（144ページ参照）を受給した場合は、高年齢再就職給付金は受給できません。どちらを受給するかは本人が選択できるので、多いほうを受給できるよう申請期限に注意をして慎重に選択し、ハローワークで手続きをしてください。

❖給与所得とは異なるかたちで徴収される

退職金の税金、退職後の住民税の手続き

退職金総額から控除額を差し引いた額が課税対象

「退職所得《たいしょくしょとく》」とは、退職により勤務先から支給される、一般的に退職金と呼ばれているものです。

収入金額（退職金総額）から退職所得控除額《たいしょくしょとくこうじょがく》を引いた額の50％が課税対象にあたる「退職所得」となります。

退職所得控除額は勤続年数が長いほど増え、障害者になったことが原因で退職した場合、100万円が加算されます。

また、社会保険制度などにより退職に基因して支給される一時金、適格退職年金契約《てきかくたいしょくねんきんけいやく》に基づいて**生命保険会社などから受け取る退職一時金も、退職所得**となります。

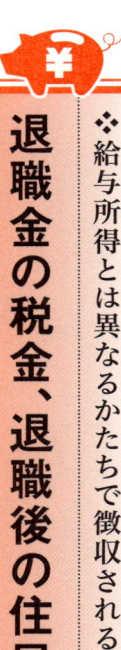

適格退職年金契約に基づいて支給される退職一時金に、納税者自身が負担した保険料または掛け金がある場合には、支給額のうち負担した金額を差し引いた残額が収入金額となります。

退職所得は分離課税《ぶんりかぜい》といって、原則としてほかの所得と分離して税額を計算します。

退職手当などの支払いの際に「退職所得の受給に関する申告書」を会社に提出すれば、会社が所得税額を計算し、正規の所得税額が源泉徴収されるため、確定申告は必要ありません。

一方で、「退職所得の受給に関する申告書」の提出をしなかった場合は、退職手当の支払金額の20・42％が源泉徴収されます。

この場合、確定申告を行うことで、還付されることもあります。

退職所得の課税対象額の計算

$$\left(\text{収入金額（退職金総額）} - \text{退職所得控除額}\right) \times \frac{1}{2}$$

＝**課税対象となる退職所得額**

退職所得控除額の算出方法

勤続年数	退職所得控除額
20年以下	40万円×勤続年数 ※控除額が80万円に満たない場合は 一律80万円
20年超	800万円＋ 70万円×（勤続年数－20年）

退職の翌年以降の住民税は普通徴収に

その年の申告や年末調整で納税額が確定する所得税に対し、住民税は後払い方式です。

住民税には「普通徴収」と「特別徴収」があり、ともに12月の年末調整時に市区町村に給与支払報告書を会社が提出し、そこで税額が確定します。後払い方式のため、退職した年の支払いは翌年に発生します。

給与から天引きされる特別徴収の会社員とは異なり、退職後は普通徴収になり、納付期限は原則として6月、8月、10月、翌年1月中で、市区町村が定めた日までに支払います。会社員時代とは変わるため注意が必要です。65歳以降は住民税は年金から天引きされます。

実際の納税額を算出してみよう

例1 勤続年数10年8カ月、退職金300万円の場合

退職所得控除額

40万円×11年（勤続年数）

＝440万円＞300万円（退職金収入金額）→300万円

（300万円（退職金収入金額）－300万円（退職所得控除額））×1/2 → 0円（課税対象となる退職所得の金額）

退職所得控除額が、退職金収入金額を超える場合は、収入金額が控除額となる

納税額なし

例2 勤続年数40年、退職金3,500万円の場合

退職所得控除額

800万円＋70万×20年（勤続年数－20年）

＝2,200万円

（3,500万円（退職金収入金額）－2,200万円（退職所得控除額））×1/2 → 650万円（課税対象となる退職所得の金額）

実際の納税額

（650万円×20%－42万7,500円）×102.1%＝約89万円

※国税庁の「退職所得の源泉徴収税額の速算表」から求めた割合と控除額を使用しています。

※別途、住民税も発生します。

※特定役員（役員等勤続年数が5年以下である人）の退職金については、計算方法が異なりますのでご注意ください。

※前年以前に退職金を受け取ったことがあるとき、または同一年中に2カ所以上から退職金を受け取るときなどは、控除額の計算が異なることがあります。

❖自分や家族に「介護」が必要になったらどうすればいい？

介護保険を利用するための基本的な手続き

介護サービスを使うには2つの条件クリアが必要

病気や怪我をした場合、病院に行けば公的医療保険で治療を受けられます。一方、障害が残って日常生活で支援を要したり、療養上の世話やリハビリが必要になった場合は、やはりプロのサポートが必要になります。

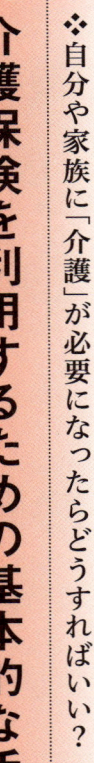

これらのニーズに応えるのが介護サービスです。その多くは介護保険によってまかなわれます。ただし、医療保険と異なり、介護保険給付によるサービスの利用には2つの条件があります。1つは**「本人の年齢」**、もう1つは、**「介護が必要」という認定を受ける**ことです。

前者は、①65歳以上と②40～64歳で2段階に分けられます。①は第1号被保険者といい、介護が必要になれば「その原因」を問わずに保険が使えます。②は、介護が必要になった原因としての疾病などが16種類に限定されます。これを特定疾病《とくていしっぺい》といい、主に加齢によるものです。

後者の認定は、**「要介護認定《ようかいごにんてい》（軽度の場合は要支援認定《ようしえんにんてい》）」**といい、市区町村内の介護認定審査会で行われます。要介護5段階、要支援2段階のいずれかなら、原則として介護保険を使えますが（要支援の場合は給付外となるサービスあり）、非該当（自立している）と判定されると保険給付によるサービスは使えません。ただし、介護保険の財源を使った市区町村事業による介護予防や生活支援のサービスを利用できることがあります。

要介護認定を受けるには申請→調査の手順を踏む

年齢条件をクリアしたうえで要介護（要支援）認定を受けるには、まず市区町村への申請が必要です。この申請については、家族だけでなく、介護についての相談などを受け付ける地域包括支援センターの窓口に依頼しての代行も可能です。また、認定には有効期間がありますが、その更新時には、介護支援専門員《かいごしえんせんもんいん》（ケアマネジャー）に代行を依頼することもできます。

介護保険を利用するための手続き

STEP1 年齢

65歳以上

原因が何であっても、介護が必要な状態になれば、STEP2へ進める。

40〜64歳

16種類の疾病等（特定疾病）が原因で介護が必要な状態になれば、STEP2へ進める。

↓

STEP2 要介護認定

市区町村の介護保険担当窓口で要介護認定の申請を行う。家族やケアマネジャーでも代行申請は可能。最寄りの地域包括支援センターで窓口代行も行っている。

↓

市区町村に申請する。
（原則としてマイナンバーの記載が必要になります）

↓

認定調査員が本人を訪問し、状態をチェックする。その後、コンピューターによる1次判定と、介護認定審査会による2次判定が行われる。

申請から原則として1カ月以内

↓

非該当（自立）

給付によるサービスは使えませんが、市区町村が運営する介護予防などが使える場合もあります。

要支援1・2

介護保険の予防給付サービスが使えます。

要介護1〜5

介護保険の介護給付のサービスが使えます。

申請を行うと、行政の認定調査員が訪れ、運動機能や認知症の状態などを調査します。自宅はもとより、本人が入院している場合は、調査員が病院におもむくこともあります。その調査結果をもとに、次の段階を踏んで審査を行います。

①まずはコンピューターで判定

②①の結果が正しいかどうかを医療・福祉関係者で審査

②の審査を行うのが、介護認定審査会です。

以上の手続きを経て、原則として申請から1カ月以内に認定の結果が通知されます。

❖認定を受けた後、実際にサービスを使うにはどうする？

介護保険サービスの選び方と使い方

家が中心となるサービスと施設などで受けるサービス

介護保険で使えるサービスには、次の4つがあります。

①家に訪問してもらったり、家の環境を整えたりするサービス
②通って受けるサービス
③泊まって受けるサービス
④施設などに入って受けるサービス

①〜③は、「家での生活」がベースとなる意味で、「居宅《きょたく》系サービス」として括《くく》られます。

①には、ヘルパーが訪問して生活上の介護を受ける訪問介護、看護師が訪問する訪問看護などがあります。環境を整えるという部分では、車椅子やベッドなどの福祉用具のレンタルを受けたり、必要な住宅改修の費用を受給できたりするサービスもあります。

②には、生活上の介護を中心とした通所介護（デイサービス）のほか、通って主にリハビリを受けるデイケアがあります。③は短期入所（ショートステイ）によるサービスです。

これらを利用したい場合、本人の状態や意向に基づいて、「どのサービスをどう組み合わせるか」という調整・手配が必要で、居宅介護支援事業所のケアマネジャーにお願いするのが一般的です。要介護認定を受けると、認定通知とともに地域の居宅介護支援事業所の一覧が届くので検討しましょう。

入所・入居系のサービス

④には、特別養護老人ホームなどの介護保険施設と、介護付有料老人ホームやグループホームなどがあります。前者は家賃に当たる居住費と食費の（市区町村民税非課税世帯であれば）一部もしくは全部が保険から給付されます。これに対し、後者はサービスに当たる部分のみ

介護保険を利用するための手続き（要介護1～5）

要介護1～5の認定を受ける

↓

自宅を拠点としてサービスを受けたい	施設などに入ってサービスを受けたい
↓	↓
市区町村からのリストをもとに、担当するケアマネジャーを探して、サービスの調整などをお願いする	入居できる施設を探し、直接申し込む。すでに自宅でサービスを受けたことがある場合は、担当ケアマネジャーなどに探してもらう方法もある

利用できるサービス

●自宅に訪問してもらうサービス

・訪問介護　・訪問入浴介護
・訪問リハビリ　・訪問看護など

●通って受けるサービス

・通所介護　・通所リハビリ
・療養通所介護（通所看護）など

●泊まって受けるサービス

・短期入所生活介護
・グループホームの短期利用など

●環境を整えるサービス

・福祉用具貸与
・住宅改修費支給など

入居できる施設（介護保険3施設の場合）

●特別養護老人ホーム

おもに生活上の介護。原則要介護3以上のみ（要介護1･2でも「（認知症などにより）自宅での生活が困難」などの理由があれば入所できる特例あり）

●介護老人保健施設

生活上の介護のほかリハビリを強化。回復によって自宅などに戻ることを目標とする

●介護療養型医療施設

重い療養が必要な人が対象。2018年4月から新しい類型（介護医療院）へと順次移行

介護保険を利用するための手続き（要支援１～２）

要支援１・２の認定を受ける

↓

最寄りの地域包括支援センター（以下、包括）に連絡し、サービス調整などを行うケアマネジャーを派遣してもらう（包括職員が直接担当することも）

↓

訪問、通い、泊まりなどの介護予防給付サービス（有料老人ホームなどでの介護予防も使える）。利用料は安いが、使える時間・回数などに限りがあることも	要支援の人が受ける訪問介護と通所介護にあたるサービスの場合、市区町村が行う「介護予防・日常生活支援総合事業」でのサービスとなり、予防給付からは外れる

が給付対象となります。

④では、まず施設などと直接入居・入所の契約を行います。そこで受けるサービス調整（ケアマネジメント）は内部のケアマネジャーが行います。

ただし、介護保険施設の一つ「介護老人保健施設」は、「そこでリハビリなどを受けて家に戻ったり、他の施設・居住系サービスに移る」ことが前提なので、そこを出てからの他のサービス利用を視野に入れておくことが必要です。

なお、自宅での生活が困難な場合などの特例はありますが、**特別養護老人ホームは、原則要介護３以上でないと入所できない**ので注意しましょう。

❖介護保険サービスを使う場合は、いくらかかるのか？

介護保険サービスにかかる「お金」の話

サービス費用の1〜3割を負担

介護保険は国民からの保険料＋税金で成り立っています。保険料負担は40歳からで、原則として健康保険料の中に組み込まれています。なお、65歳以上で基礎年金の受給者は、そこから保険料が天引きされます。

注意したいのは、サービスを利用するうえでも費用負担が発生することです。介護保険は原則として現金給付ではなく、サービスという現物での給付ですが、その費用の一部を負担するわけです。医療保険の窓口負担と同じしくみと考えればいいでしょう。その負担は原則、使ったサービス分の1割です。

ただし、**65歳以上で一定以上の所得がある人は、自己負担は2割**です。その基準は、本人

1～3割負担の月あたり負担限度額

所得区分		自己負担限度額
世帯内の第1号被保険者の所得が現役並み（課税所得が145万円以上＜例外あり＞）		4万4,400円（世帯）
一般		4万4,400円（世帯）※
市区町村民税非課税世帯など		2万4,600円（世帯）
	年金収入80万円以下など	1万5,000円（個人）
生活保護被保護者など		1万5,000円（個人）など

※「一般」のうち、1割負担者のみの世帯については、44万6,400円の年間上限額が別途設けられています（2020年7月までの時限措置）。

Point! 自己負担がオーバーした分については、高額介護サービス費として還付されます。

の年間所得が160万円以上ですが、例外的に1割になるケースもあります。また、2割負担者のうち、より高所得（本人の年間所得が220万円以上など）の人については3割負担となります。1〜3割のいずれに該当するのかについては、要介護認定を受けた人を対象に市区町村から送られてくる**「負担割合証《ふたんわりあいしょう》」**で確認しましょう。

たとえ1〜3割でも、積み重なれば、大きな負担です。そこで利用者の所得に応じて自己負担限度額が設定され、オーバーした部分は還付を受けられます。これを「高額介護サービス費」といいます。医療保険の高額療養費と同じしくみです。ちなみに、高額療養費と合算した限度額も設けられています。

限度額をオーバーしたら全額負担

居宅サービスを組み合わせる場合、月あたりの合計の給付額に限度があり、要介護度が高いほど限度額が高くなります。これを区分支給限度額といいます。

限度額をオーバーした場合、その部分は全額自己負担になります（施設などの場合は、そこで受けるサービスのみなので、原則として区分支給限度額はない）。ちなみにケアマネ

介護保険を使った場合の月あたりの総負担額

サービス費用の1割

65歳以上の被保険者で、本人の年間所得が160万円以上（単身で年金収入のみなら年収280万円以上）の人は2割にアップ。ただし、160万円以上でも1割のままという例外もあります。

例外（1割）のケース

- 本人の「年金収入＋その他の合計所得金額」が280万円未満
- 本人と世帯内の他の第1号被保険者の「年金収入＋その他の合計所得金額」の合算額が346万円未満

2018年8月より、2割負担の人のうち、より所得が高い人には3割負担が導入されました。詳細は最寄りの市区町村にお問い合わせください。

＋

自己負担となる費用

自己負担となる費用の例

①介護保険3施設の居住費・食費の一部

（生活保護世帯などは、「相部屋＜多床室＞」の居住費負担はゼロ）

例：特別養護老人ホームのユニット型の個室部屋で、市区町村民税課税世帯の場合

- 居住費：月6万円
- 食費：月4万2000円

（いずれも国が示す基準額なので異なる場合もあり）

②短期入所（泊まり）サービスの居住費と食費の一部、および通所サービス（通い）の食費の一部

③介護付有料老人ホームやグループホームなどの居住費・食費（全額）

④その他、各種材料費・おむつ代などの実費（例外あり）

⑤区分支給限度額※をオーバーした分の費用（全額）

※地域によって限度額を計算する単価が異なるので、担当ケアマネジャーなどに相談を。

ジャーによるサービス調整の費用は、全額保険から給付されるので、自己負担はありません。なお、施設などに入った場合、そこでの居住費や食費は、介護サービスにかかる自己負担（1~3割）とは別に支払う必要があります。デイサービスで食事の提供を受ける場合も同様です。前項でふれた通り、介護保険施設などでは、市区町村民税非課税世帯の人は補足給付が受けられますが、多くはやはり一定の負担が必要です。

第2章 あなたがもらえる年金額はいくら？

❖年金はいくらくらいもらえるか、つかんでおこう

あなたがもらえる年金額　男性編

国民年金は加入期間が同じであれば全員同額ですが、厚生年金はその人のもらってきた給料などによって変わってきます。

ケース別に見る年金受給額

定年を迎えるにあたって、いちばん気になるのは年金額でしょう。

また、国民年金の受給額は毎年同額というわけではありません。賃金や物価の上昇率を勘案して、毎年見直されることになっているからです。

したがって、将来的に年金をいくらもらえるかは現時点ではわかりませんが、目安となる金額はわかります。まずは82ページからの例で、自分に近い働き方・収入のケースを見て、おおよその月額の年金額を知っておきましょう。また、30ページで紹介した「ねんきんネッ

ト」にユーザー登録すれば、将来受け取れる年金の見込額を計算することができます。

なお、ここで示している月額年金額のほかに、条件を満たす配偶者や子どもがいる場合は「加給年金《かきゅうねんきん》」や「振替加算《ふりかえかさん》」が支給されたり（116ページ参照）、勤め先によっては「企業年金」が支給される場合もあります（118ページ参照）。自分の状況をきちんと確認して、もらい漏れがないようにしましょう。

厚生年金の金額は、給料に応じて支払ってきた保険料と、支払った月数から計算をしますが、いくつか注意点があります。

①給料を今の金額に置き換える

30年前の200万円と今の200万円では、当然価値が違います。そのため、年金額の計算にあたっては「再評価率《さいひょうかりつ》」というものを使い、当時の給与を現在の水準に置き換えて計算します。

②ボーナス分の考え方

2003（平成15）年3月までは、厚生年金の保険料は、月給からのみ控除され、ボーナス分は控除されませんでしたが、**2003年4月からはボーナスからも保険料が控除されるようになりました。**

そのため、もらえる厚生年金額を計算する際も、2003年3月までと4月以後ではボーナス分を含める、含めないの差があります。

厚生年金の経過的加算とは

厚生年金制度に加入している人は、通常の厚生年金に加え、経過的加算が支給されます。

経過的加算とは、厚生年金の加入月数に応じて計算される金額（上限40年）が国民年金に比べて高いため、その差額を埋めるためのもので、65歳から支給されます。

20歳以上60歳未満の間の厚生年金加入月数が40年未満で、国民年金の対象外となる20歳未満や60歳以降などに厚生年金加入月数が多いと金額が増えやすくなります。なお、本誌の金額例では国民年金の金額に加えてあります。

また、厚生年金は加入期間が1カ月しかない人でももらえます。ただし、特別支給の老齢厚生年金（65歳までもらえる年金）は1年以上の加入期間がある人が対象になります。

国民年金は自分で加入手続きや保険料の納付をしなければいけないため、転職などで未納期間ができてしまうことが起こりえます。

未納期間がある場合は、2年間さかのぼって納付できる後納制度を使いましょう。未納期間が2年以上前のときは、60歳以降で利用できる任意加入制度があります。任意加入制度については125ページで説明します。

なお、次ページから紹介するのは2019年8月現在の制度に基づき、1958（昭和33）年4月2日生まれの男性のおおよその年金額を算出しています。ここでは物価が一定と想定して算出していますが、物価の変動に合わせて支給額は変わります。

Aさん

・大学卒業後すぐ就職
・60歳で定年退職
・ボーナスが多め
・在学中の国民年金未納なし

◉年収の推移

	月給×12カ月	ボーナス（年間）	年収
20代	150万円	50万円	200万円
30代	250万円	80万円	330万円
40代	350万円	100万円	450万円
50代	450万円	150万円	600万円

◉もらえる年金額（予想）

	年齢	厚生年金	国民年金	月額合計
2021年〜2022年	63歳〜64歳	7.3万円	―	**7.3万円**
2023年	65歳	7.3万円	6.5万円	**13.8万円**

厚生年金の受給開始年齢が段階的に引き上げられ、昭和32年4月2日から昭和34年4月1日生まれの男性は63歳からの支給になります。

国民年金の受給開始年齢は、男女ともに65歳です。

Bさん

・大学卒業後すぐ就職
・60歳で定年退職
・65歳まで嘱託勤務（厚生年金未加入）
・ボーナスが少なめ
・在学中の国民年金未納なし

◉年収の推移

	月給×12カ月	ボーナス（年間）	年収
20代	180万円	20万円	200万円
30代	300万円	30万円	330万円
40代	400万円	50万円	450万円
50代	530万円	70万円	600万円
60代	216万円	—	216万円

◉もらえる年金額（予想）

	年齢	厚生年金	国民年金	月額合計
2021年〜2022年	63歳〜64歳	7.9万円	—	**7.9万円**
2023年	65歳	7.9万円	6.5万円	**14.4万円**

AさんとBさんは50代までの年収は同じ金額ですが、ボーナスの額に差があり、それが年金額の差になっています。

Cさん

・大学卒業後すぐ就職
・60歳で定年退職
・65歳まで嘱託勤務（厚生年金加入）
・高年齢雇用継続給付金あり
・在学中の国民年金未加入

◉年収の推移

	月給×12カ月	ボーナス（年間）	年収
20代	150万円	20万円	170万円
30代	300万円	30万円	330万円
40代	420万円	50万円	470万円
50代	530万円	70万円	600万円
60代	240万円	—	240万円

◉もらえる年金額（予想）

	年齢	厚生年金	国民年金	月額合計
2021年〜2022年	63歳〜64歳	6.7万円	—	**6.7万円**
2023年	65歳	8.5万円	6.5万円	**15.0万円**

60歳以降も厚生年金に加入し、高年齢雇用継続給付金を受給しているため、65歳前の厚生年金は一部停止されます。

Dさん

・24歳で大学卒業後すぐ就職
・60歳で定年退職
・65歳までパート（厚生年金未加入）
・在学中の国民年金未加入

◉年収の推移

	月給×12カ月	ボーナス（年間）	年収
20代	180万円	20万円	200万円
30代	320万円	30万円	350万円
40代	450万円	30万円	480万円
50代	500万円	80万円	580万円
60代	120万円	—	120万円

◉もらえる年金額（予想）

	年齢	厚生年金	国民年金	月額合計
2021年～2022年	63歳～64歳	8.1万円	—	**8.1万円**
2023年	65歳	8.1万円	5.8万円	**13.9万円**

退職後も働いていますが、厚生年金に未加入のため、65歳前でも厚生年金の停止はありません。

Eさん

・大学卒業後すぐ就職
・30歳で独立し、フリーランサーに
・40歳で再就職
・60歳で定年退職
・在学中とフリーランサー時代は国民年金未加入

◉年収の推移

	月給×12カ月	ボーナス（年間）	年収
20代	180万円	20万円	200万円
30代	—	—	—
40代	360万円	100万円	460万円
50代	500万円	80万円	580万円

◉もらえる年金額（予想）

	年齢	厚生年金	国民年金	月額合計
2021年〜2022年	63歳〜64歳	5.8万円	—	**5.8万円**
2023年	65歳	5.8万円	5.3万円	**11.1万円**

国民年金の未納期間が長く、厚生年金の加入期間も短いため、年金額が低くなります。

Fさん

・高校卒業後すぐ就職
・63歳で定年退職
・高年齢雇用継続給付金あり

◉年収の推移

	月給×12カ月	ボーナス（年間）	年収
20代	100万円	20万円	120万円
30代	200万円	50万円	250万円
40代	320万円	80万円	400万円
50代	400万円	100万円	500万円
60代	180万円	—	180万円

◉もらえる年金額（予想）

	年齢	厚生年金	国民年金	月額合計
2021年～2022年	63歳～64歳	6.5万円	6.5万円	**13.0万円**
2023年	65歳	6.5万円	6.5万円	**13.0万円**

63歳で退職し、長期特例（厚生年金加入期間が上限40年のところ44年加入）に該当するため、63歳から定額部分の厚生年金（表では国民年金の金額）が支給されます。

Gさん

・大学卒業後すぐ就職
・60歳で定年退職
・65歳まで嘱託勤務（厚生年金加入）
・高年齢雇用継続給付金あり
・ボーナスが多め
・在学中の国民年金未加入

◉年収の推移

	月給×12カ月	ボーナス（年間）	年収
20代	150万円	50万円	200万円
30代	250万円	100万円	350万円
40代	350万円	150万円	500万円
50代	450万円	200万円	650万円
60代	240万円	60万円	300万円

◉もらえる年金額（予想）

	年齢	厚生年金	国民年金	月額合計
2021年 〜 2022年	63歳 〜 64歳	6.4万円	—	**6.4万円**
2023年	65歳	8.3万円	6.5万円	**14.8万円**

ボーナスが多いため、厚生年金の額が同じ年収の人より少なくなります。65歳まで働いているので、65歳までは年金の一部が停止されます（ただし、労働条件によっては一部停止されないこともあります）。

Hさん

・大学卒業後すぐ就職
・50歳から5年間海外法人に勤務（厚生年金は非加入、国民年金に任意加入）
・60歳で定年退職
・65歳まで嘱託勤務（厚生年金加入）
・高年齢雇用継続給付金あり
・在学中の国民年金未納なし

◉年収の推移

	月給×12カ月	ボーナス（年間）	年収
20代	200万円	50万円	250万円
30代	320万円	30万円	350万円
40代	500万円	50万円	550万円
50代	550万円	100万円	650万円
60代	240万円	60万円	300万円

◉もらえる年金額（予想）

	年齢	厚生年金	国民年金	月額合計
2021年～2022年	63歳～64歳	6.2万円	—	**6.2万円**
2023年	65歳	8.2万円	7.3万円	**15.5万円**

海外勤務の間は厚生年金は増えません。国民年金については任意加入しているので満額受給でき、かつ経過的加算（表では国民年金の金額に加算）の分もらえる金額が多くなります。

Iさん

・26歳で就職
・20歳～25歳の間国民年金未納
・60歳で定年退職

◉年収の推移

	月給×12カ月	ボーナス（年間）	年収
20代	130万円	20万円	150万円
30代	220万円	30万円	250万円
40代	260万円	40万円	300万円
50代	350万円	50万円	400万円
60代	240万円	—	240万円

◉もらえる年金額（予想）

	年齢	厚生年金	国民年金	月額合計
2021年～2022年	63歳～64歳	5.2万円	—	**5.2万円**
2023年	65歳	5.2万円	5.5万円	**10.7万円**

就職年齢が遅く、国民年金の未納期間もあるため、厚生年金・国民年金ともに支給額が低くなります。

❖年金はいくらくらいもらえるか、つかんでおこう

あなたがもらえる年金額　女性編

女性は男性に比べて要注意

もうすぐ年金をもらうという女性の中には、結婚後、ずっと専業主婦だったという人も多いのではないでしょうか。

専業主婦の場合、会社勤めをしている人より、もらえる年金額は少なくなります。ここでは、いくつかの女性のケースを紹介しますので、おおよその年金額を知って、老後の生活を考えておきましょう。

女性は、結婚や出産で会社をやめたり、育児をしながらパートに出たりと、男性に比べると勤務先が変わることが多い傾向にあります。そのため、女性は男性よりも厚生年金・国民年金ともに、その記録が複雑になりがちです。

また、女性の場合、**結婚による苗字の変更や夫の転職にともなう第3号被保険者の加入脱退などの理由で年金記録が漏れてしまったり、間が空いてしまったりすることもあるので注意が必要**です。

実際、2007（平成19）年に年金記録が社会問題化したとき、苗字の変更などで年金記録が別件として記録されていた人がいたといった事例もありました。稀《まれ》な事例ではありますが、万が一ということも考えられるので、心当たりがある人は一度確認しておくことをお勧めします。

結婚後に専業主婦になった場合

女性の年金で気をつけたいのが、第3号被保険者への切り替えです。女性は結婚して専業主婦になると、第3号被保険者となります。

現在は夫の会社に申し出ておけば、夫の会社が手続きをしてくれるので問題はありませんが、かつては本人が自分で切り替えの手続きをしなければなりませんでした。そのため、手続き漏れになっている可能性もあります。

第3号被保険者の届出は、さかのぼって提出できます。

手続きの漏れがあるかどうか不安な人は、年金をもらいはじめる前に、年金事務所で年金記録の確認をしておくといいでしょう。

専業主婦になった人でも、かつて会社勤めをしていたことがあるのなら、たとえ加入期間が1カ月しかなくても、厚生年金をもらえるので、忘れずに請求しましょう。

段階的に引き上げられる受給開始年齢

またこれまで、女性は60歳から厚生年金をもらえていましたが、徐々に受給開始年齢が引き上げられています。

95ページ以降で紹介しているのは、1958（昭和33）年4月2日〜翌年4月1日生まれの人の例ですが、厚生年金の受給開始年齢は61歳となります。詳しくは最寄りの年金事務所で聞くか、日本年金機構のウェブサイトで確認してください。ここでは物価が一定と想定して算出していますが、物価の変動に合わせて支給額は変わります。

昭和61年4月以前に専業主婦になった人は注意

国民年金はこれまで、大きな改正が何度か行われています。専業主婦に大きく関わってくるのが、1986（昭和61）年4月の第3号被保険者制度の開始です。

第3号被保険者制度とは、夫が厚生年金に加入している場合、専業主婦の妻を第3号被保険者とし、国民年金の保険料を支払っているとみなす制度です。この制度開始前は、妻の国民年金は任意加入だったため、保険料を払っていなければ年金額には反映されません。

ただし、年金受給に必要な期間（厚生年金と国民年金をあわせて10年）には反映されます。満額受給に必要な期間（同40年）を満たしていない人は、任意加入制度を利用するなどして受給額を増やしておくといいでしょう。

A子さん

・高校卒業後すぐ就職
・28歳で結婚、以後専業主婦
・夫は会社員（厚生年金加入）
・結婚後、昭和61年3月まで、国民年金未加入

◉年収の推移

	月給×12カ月	ボーナス（年間）	年収
19歳〜22歳	55万円	10万円	65万円
23歳〜27歳	80万円	20万円	100万円
28歳以降	—	—	—

◉もらえる年金額

	年齢	厚生年金	国民年金	月額合計
2019年〜2022年	61歳〜64歳	0.4万円	—	**0.4万円**
2023年	65歳	0.4万円	6.3万円	**6.7万円**

次ページのBさんと同じ年齢で結婚していますが、Bさんよりも国民年金に加入している期間が長いため、もらえる年金額も若干多くなります。

B子さん

・大学卒業後すぐ就職
・28歳で結婚、以後専業主婦
・夫は会社員（厚生年金加入）
・在学中と結婚後の昭和61年3月まで、国民年金未加入

◉年収の推移

	月給×12カ月	ボーナス（年間）	年収
23歳～27歳	120万円	20万円	140万円
28歳以降	—	—	—

◉もらえる年金額

	年齢	厚生年金	国民年金	月額合計
2019年～2022年	61歳～64歳	0.4万円	—	**0.4万円**
2023年	65歳	0.4万円	6.0万円	**6.4万円**

同じ年齢で結婚した人でも、高卒と大卒では国民年金の加入期間が大卒のほうが短くなるので（大学在学中に国民年金に未加入の場合）、Aさんより国民年金の支給額は低くなります。

C子さん

・高校卒業後すぐ就職
・21歳で結婚、以後専業主婦
・夫は会社員（厚生年金加入）
・結婚後、昭和61年3月まで、国民年金未加入

◉年収の推移

	月給×12カ月	ボーナス（年間）	年収
19歳～20歳	160万円	20万円	180万円
21歳以降	—	—	—

◉もらえる年金額

	年齢	厚生年金	国民年金	月額合計
2019年～2022年	61歳～64歳	0.2万円	—	**0.2万円**
2023年	65歳	0.2万円	5.0万円	**5.2万円**

結婚が早く、昭和61年4月以前は国民年金に入っていなかったので、厚生年金・国民年金ともに低くなります。

D子さん

・大学卒業後すぐ就職
・29歳で結婚、以後専業主婦
・夫は会社員（厚生年金加入）
・在学中と結婚後の昭和61年3月まで、国民年金未加入
・60歳から5年間、国民年金に任意加入

◉年収の推移

	月給×12カ月	ボーナス（年間）	年収
23歳〜28歳	160万円	30万円	190万円
29歳以降	—	—	—

◉もらえる年金額

	年齢	厚生年金	国民年金	月額合計
2019年〜2022年	61歳〜64歳	0.3万円	—	**0.3万円**
2023年	65歳	0.3万円	6.4万円	**6.7万円**

60歳から国民年金に任意加入したことで、国民年金が通常の場合より上乗せされます。

E子さん

・高校卒業後すぐ就職
・25歳で結婚、以後専業主婦
・40歳で再就職（厚生年金加入）
・65歳で定年退職
・高年齢雇用継続給付金なし
・結婚後、昭和61年3月まで、国民年金未加入

◉年収の推移

	月給×12カ月	ボーナス（年間）	給与年収
19歳～24歳	65万円	10万円	75万円
25歳～	—	—	—
40代	156万円	—	156万円
50代	160万円	—	160万円
60代	160万円	—	160万円

◉もらえる年金額

	年齢	厚生年金	国民年金	月額合計
2019年～2022年	61歳～64歳	2.6万円	—	**2.6万円**
2023年	65歳	2.6万円	5.9万円	**8.5万円**

再就職後の給与は少なめですが、専業主婦に比べれば年金額は多くなります。

F子さん

・高校卒業後すぐ就職
・23歳で結婚、以後専業主婦
・30歳で再就職（厚生年金加入）
・60歳で定年退職
・結婚後、昭和61年3月まで、国民年金未加入

◉年収の推移

	月給×12カ月	ボーナス（年間）	年収
19歳～22歳	70万円	10万円	80万円
23歳～	—	—	—
30代	150万円	30万円	180万円
40代	200万円	50万円	250万円
50代	300万円	50万円	350万円

◉もらえる年金額

	年齢	厚生年金	国民年金	月額合計
2019年～2022年	61歳～64歳	4.0万円	—	**4.0万円**
2023年	65歳	4.0万円	5.5万円	**9.5万円**

一度退職したため、賃金の伸びが低く、男性に比べて厚生年金の額は少なめです。

G子さん

・高校卒業後すぐ就職
・20歳で結婚、以後専業主婦
・結婚後、昭和61年3月まで、国民年金未加入

◉年収の推移

	月給×12カ月	ボーナス（年間）	年収
19歳	70万円	10万円	80万円
20歳以降	—	—	—

◉もらえる年金額

	年齢	厚生年金	国民年金	月額合計
2019年～2022年	61歳～64歳	838円	—	**838円**
2023年	65歳	838円	5.2万円	**約5.3万円**

厚生年金の加入期間が短いため、もらえる年金はほぼ国民年金だけになります。

H子さん

・大学卒業後すぐ就職
・28歳で結婚
・退職せず共働き
・60歳で定年退職
・在学中、国民年金未加入

◉年収の推移

	月給×12カ月	ボーナス（年間）	年収
20代	150万円	20万円	170万円
30代	250万円	30万円	280万円
40代	350万円	50万円	400万円
50代	450万円	70万円	520万円

◉もらえる年金額

	年齢	厚生年金	国民年金	月額合計
2019年～2022年	61歳～64歳	6.8万円	—	**6.8万円**
2023年	65歳	6.8万円	6.0万円	**12.8万円**

結婚退職をしなかったため、厚生年金を多めにもらえます。

❖全額支給停止ということも？

再就職したら、年金支給額が減らされる!?

年金額と給与の合計額に気をつける

60歳以降も厚生年金に加入しながら働き続けた場合は、年金と給料（ボーナスも含む）の額に応じて64歳までにもらえる年金の一部もしくは全額が支給停止になることがあるので、注意しましょう。

具体的な対策としては、**毎月の年金額と総報酬月額相当額（ボーナスを含む年間給与の12分の1）の総額が28万円を超えないようにします。**28万円を超えると、超えた額の半分に相当する額の支給がストップしてしまいます。さらに47万円を超える場合、総報酬月額相当額が増えた分、支給が停止されます。

給料だけでなく、支給されている年金額との合計である点に注意しましょう。

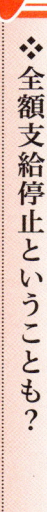

保険料を比べてみよう

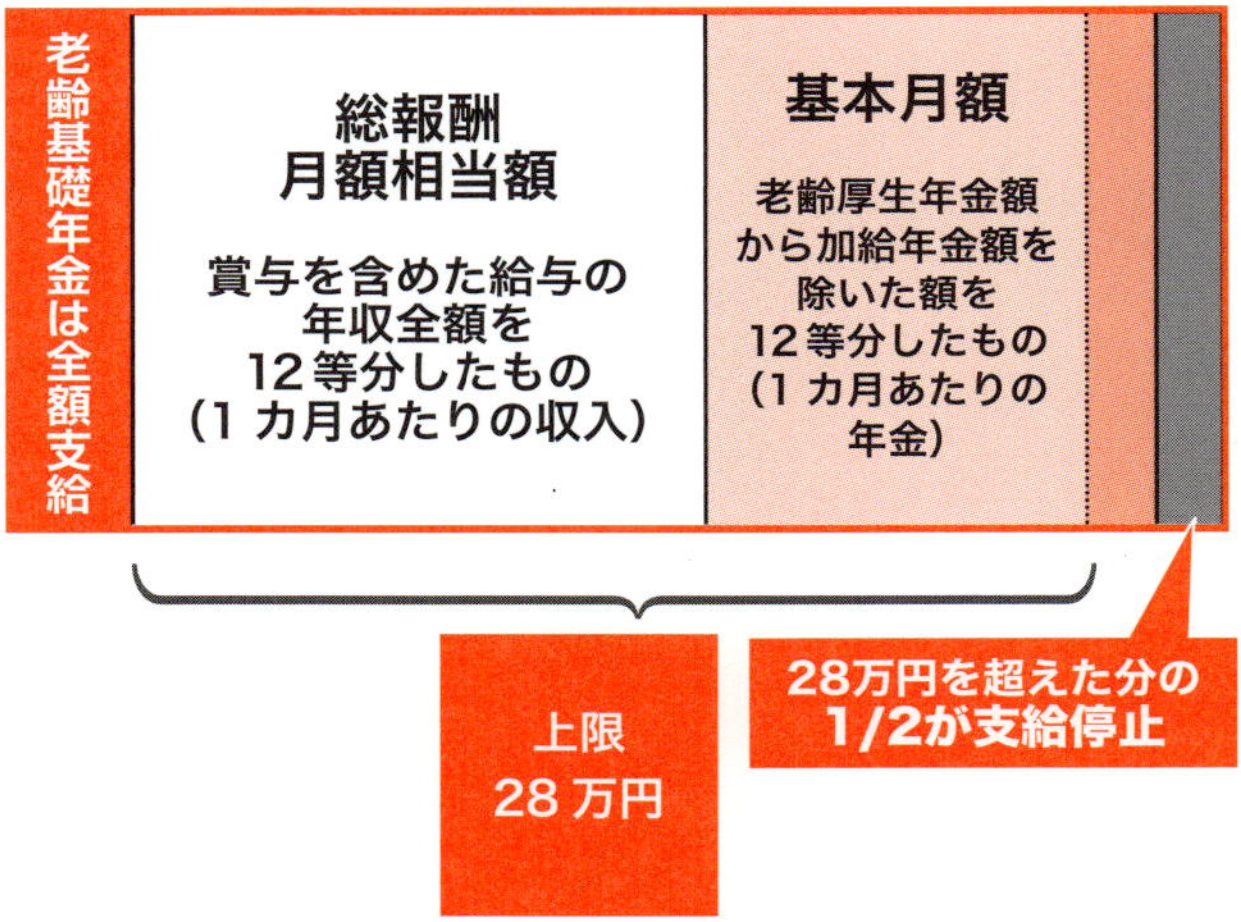

例

総報酬月額相当額		基本月額		合計	
15万円	+	10万円	=	25万円	支給停止額 なし
25万円	+	5万円	=	30万円	支給停止額 1万円
30万円	+	5万円	=	35万円	支給停止額 3万5,000円

❖自分名義で保険料を支払っていない配偶者の年金は？

離婚した場合、年金はどうなる？

専業主婦が離婚した場合はどうなるか

専業主婦が離婚しても、受給資格さえ満たしていれば、妻にも国民年金は支給されます。

また、**2007（平成19）年4月1日以降に成立した離婚については、厚生年金（以前の共済年金も含みます）も分割できる**ことになりました。

厚生年金（共済年金）を分割する方法には2種類あります。年金を夫婦間での合意によって分割する**「合意分割」**と、妻が申請すれば強制的に分割される**「3号分割」**です。合意分割は上限が50％で、当事者同士の話し合いで決められます。3号分割については、2008（平成20）年5月1日から離婚成立までの間、妻が第3号被保険者（専業主婦）であるなどの受給資格がなければ、分割を受けられません。

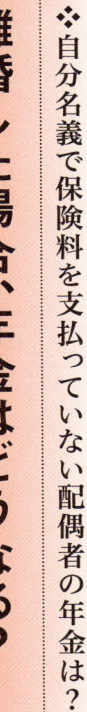

「合意分割」と「3号分割」の方法

●合意分割（2007年4月1日以降に成立した離婚）

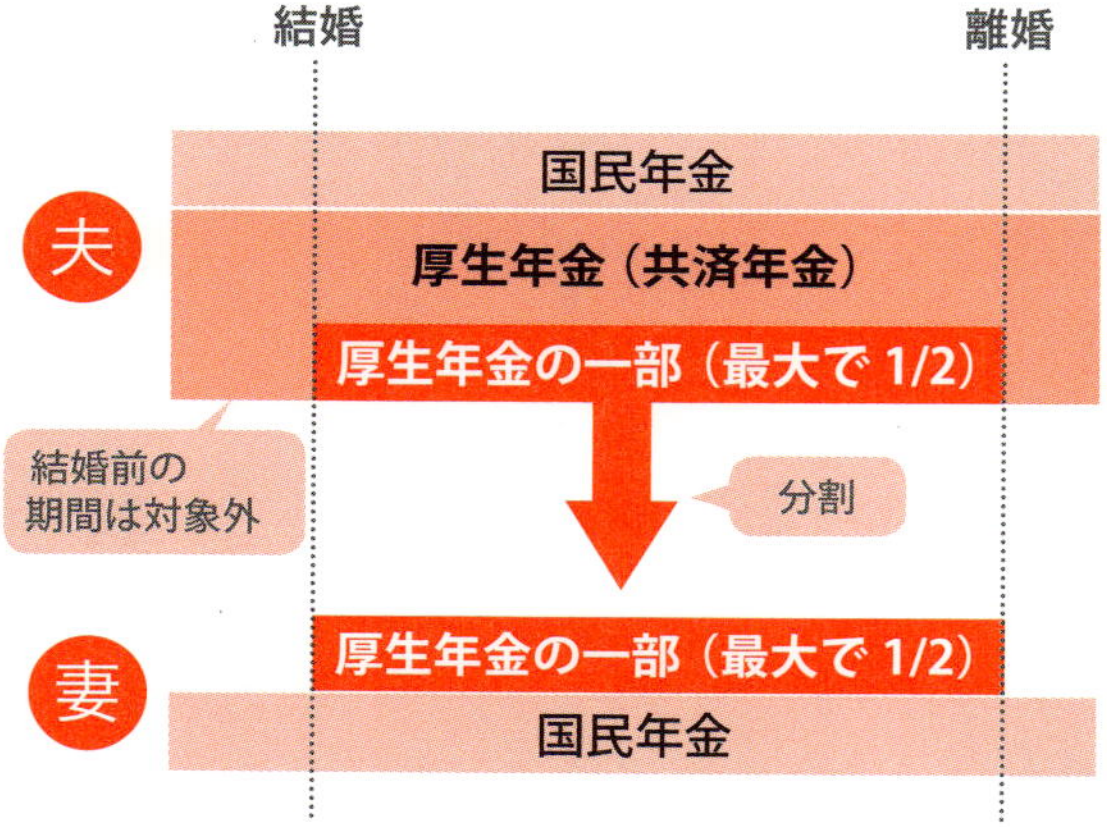

●3号分割（2008年5月1日以降に成立した離婚）

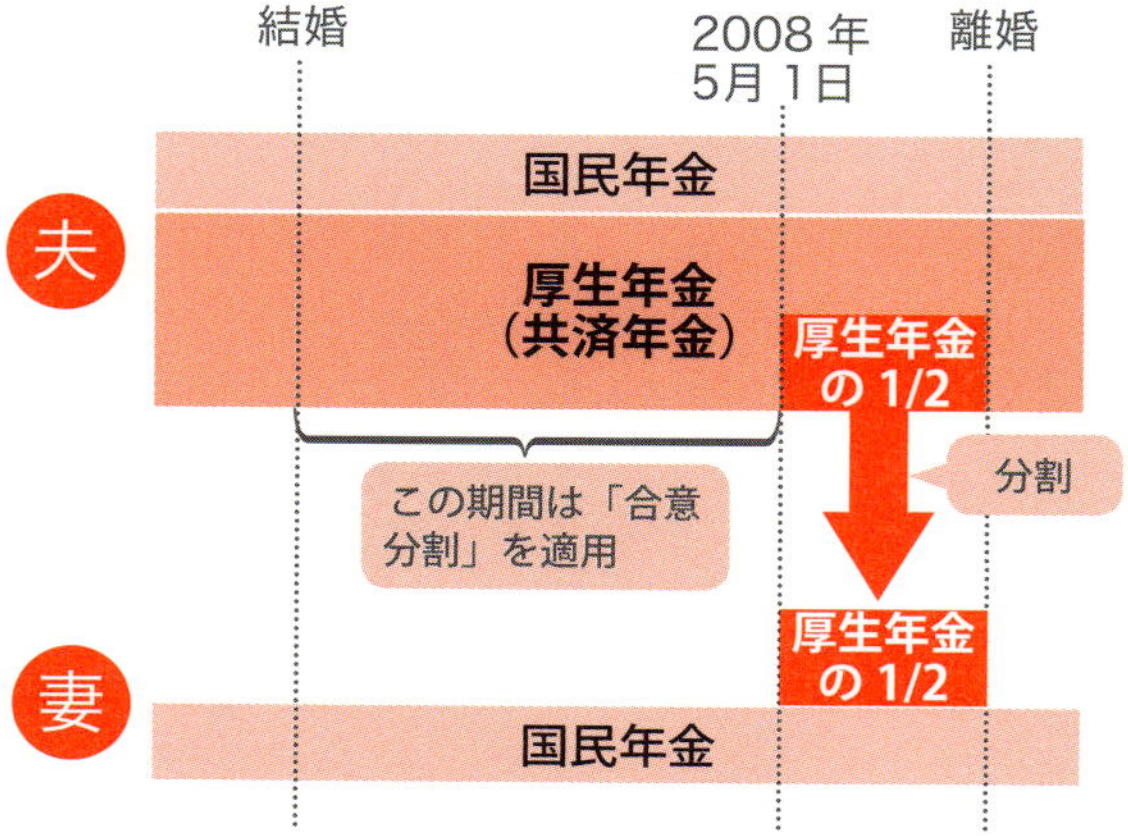

❖年金と高年齢雇用継続給付金を活用して年収400万円超を確保

ケース1

再雇用制度でバリバリ働く

3つの収入で定年退職後も安定した生活をしたい

60歳で定年退職しても、基本的に65歳までは年金を受給できませんし、65歳以降も年金だけで生活するのは厳しい人も多いでしょう。

ここからは、年金をもらいながら、どのように働くかを、3つのケースを見ることで説明していきます。

まずは、再雇用制度を利用して働くやり方です。

近年は60歳で定年退職したあとも、企業の再雇用制度などで働く人が増えています。ただし、定年退職後に再雇用で働く場合の給与は大幅に減少することがほとんどです。

このケースでは、**定年退職後に再雇用で働き、給料、年金（在職老齢年金）、そして高年**

高齢雇用継続給付金の3つの収入を得ることで安定した生活をめざします。

このケースの最大のメリットは収入の安定さにあります。

再雇用後の給料の減少額は大きいですが、年金と高年齢雇用継続給付金で補てんすることで、年収約４１２万円を確保しています。これは退職前年の約７・６割を維持していることになります。

また、厚生年金の加入継続ができることで、配偶者を扶養家族にできますし、それによって保険料などの負担を抑えることもできます。

しかし、デメリットもあります。このケースの場合、標準報酬月額（1カ月の給料）と基本月額（1カ月の年金受給額）の合計が36万円となり、28万円を超えてしまいます。そのため、支給される年金の一部が停止されるので注意が必要です。実際に、このケースで受け取れる年金額は、月額４万４４００円になります。

ケース1

60歳到達時賃金	45万円／月
再雇用後の給与（標準報酬月額）	26万円／月（賞与なし）
63歳からの年金額（基本月額）	10万円／月

	給料	高年齢雇用継続給付金	年金（在職老齢年金）	合計
60歳〜62歳	312万円／年 26万円／月	46万8,000円／年 3万9,000円／月	—	358万8,000円／年 29万9,000円／月
63歳〜64歳	312万円／年 26万円／月	46万8,000円／年 3万9,000円／月	53万2,800円／年 4万4,400円／月	412万800円／年 34万3,400円／月

■高年齢雇用継続給付金の算出

給付条件　60歳到達時賃金（46万9,500円上限）× 61% ≧ 再雇用後の給料（26万円）

給付額　再雇用後の給料（26万円）× 15% ＝ 3万9,000円

■在職老齢年金の算出

標準報酬月額（26万円）＋ 年金（基本月額10万円）＝ **36万円**

28万円以上の増加分の50%が支給停止

36 − 28万円 → 8万円 × 50% ＝ 4万円

基本月額（10万円）− 支給停止額（4万円）− 高年齢雇用継続給付の調整（26万円×6%＝1万5,600円）

＝4万4,400円

❖失業保険と年金のどちらも受け取る

ケース2 失業保険を受け取りながら働く

失業保険を受給し、年金の支給停止を防ぐ

定年退職後、手続きを済ませることで、雇用保険の失業給付（失業保険）を受け取れます。失業保険を受給すれば、再就職を検討している場合でも、今後のライフプランをじっくり考える猶予をつくることができるでしょう。

失業保険は退職後、企業の再雇用を選ばなかった場合に受給できます。60歳で定年退職するケースだと、受給期間が約5カ月あり、その後、再就職することになります。

このケースでは、給料（標準報酬月額）と基本月額の合計が28万円に満たない金額にすることで、年金を全額受け取れるようにしています。また、正社員、あるいはそれに準ずるかたちで再就職することで、配偶者を扶養家族にすることも可能です。

ケース2

60歳到達時賃金	45万円／月
退職前の雇用保険の加入期間	20年
失業保険の給付日数	150日
再就職の給料（標準報酬月額）	17万円／月（賞与なし）
63歳からの年金額（基本月額）	10万円／月

	給料	失業保険	年金（在職老齢年金）	合計
60歳〜62歳	119万円／年 17万円／月※	101万2,500円／5カ月 20万2,500円／月	—	220万2,500円／年 18万3,542円／月
63歳〜64歳	204万円／年 17万円／月	—	120万円／年 10万円／月	324万円／年 27万円／月

※再就職後7カ月間の1カ月あたりの額

■失業保険の算出

基本手当日額限度額（7,042円）× 基本手当給付日数（150日）

＝ 105万6,300円

失業保険を受け取る場合は、定期的（4週で2回以上）な求職活動が必要になります。

❖高年齢雇用継続給付金を受け取る

ケース3

定年後はゆっくり過ごしたい

自由な時間を活かして生活を送りたい

定年退職後は趣味や旅行など好きなことをやりたい。今まであきらめていたことに、新しく挑戦したい。そういう気持ちの人は決して少なくないはずです。

しかし、年金だけの生活には不安がある、あるいは体力的な問題でフルタイムの再就職が難しいといった事情でアルバイトとして働く場合もあります。

このケースでは、アルバイトをしつつ、年金を受け取り、厚生年金の被保険者からははずれますが、**雇用保険に加入することで高年齢雇用継続給付金を受給し、少しでも収入を底上げ**していいます。

もしも、その事業所で働く正社員の4分の3以上の労働時間で働く場合は、たとえアルバ

ケース3

60歳到達時賃金	45万円／月
退職後の アルバイト給料	1,200円／時給 （雇用保険加入）
1カ月の給料 （標準報酬月額）	10万円／月
63歳からの年金額 （基本月額）	10万円／月

	給料	高年齢雇用継続給付金	年金（特別支給の老齢厚生年金）	合計
60歳～62歳	115万2,000円／年 9万6,000円／月	17万2,800円／年 1万4,400円／月	—	132万4,800円／年 11万400円／月
63歳～64歳	115万2,000円／年 9万6,000円／月	17万2,800円／年 1万4,400円／月	120万円／年 10万円／月	252万4,800円／年 21万400円／月

■アルバイトの給料

時給1,200円 × 1日5時間 × 週4日勤務 × 4週間 ＝ 9万6,000円／月

週20時間以上の労働で雇用保険に加入
＝
高年齢雇用継続給付金の受給条件

年金支給額の減額を防ぐために、厚生年金・健康保険の適用を受けない範囲でアルバイトを行います。さらに週20時間以上の労働によって、雇用保険に加入でき、高年齢雇用継続給付金を受け取ることができます。

■高年齢雇用継続給付金の算出

給付条件　60歳到達時賃金（47万6,700円上限）× 61% ≧ 退職後の給料（9万6,000円/月）

給付額　退職後の給料（9万6,000円/月）× 15%

＝1万4,400円

イトでも、社会保険が適用され、厚生年金に加入することになります（従業員数５０１人以上の企業、もしくは労使の合意があれば、週20時間以上で適用されます）。

しかし、年金を受け取りつつ、厚生年金に加入している場合、年金の支給額が減額します。

第3章

定年前後の㊢お金の手続き

❖年の離れた妻を年金で養わないといけない人へ

配偶者が年下なら年金版〝扶養手当〟がある

厚生年金の「扶養手当」のように上乗せでもらえる

厚生年金には、加入者に一定の条件を満たす家族がいる場合に、上乗せしてもらえる**「加《か》給年金《きゅうねんきん》」**制度があります。条件は次の2つです。

①加入者本人が厚生年金に20年以上加入していること

②加入者に生計を維持されている65歳未満の配偶者や18歳以下の子どもがいること

この条件を満たす場合、加入者が年金をもらい始めてから（繰り下げ受給を年金事務所に申請した場合、繰り下げた年齢から）、配偶者が65歳になるまで年額22万4500円が受け取れます。したがって配偶者の年齢が加入者より若いほど、受給額が多くなる特徴があります。ただし、配偶者の年収が850万円以上、または配偶者が20年以上厚生年金に加入して

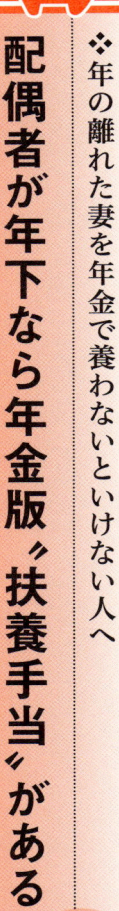

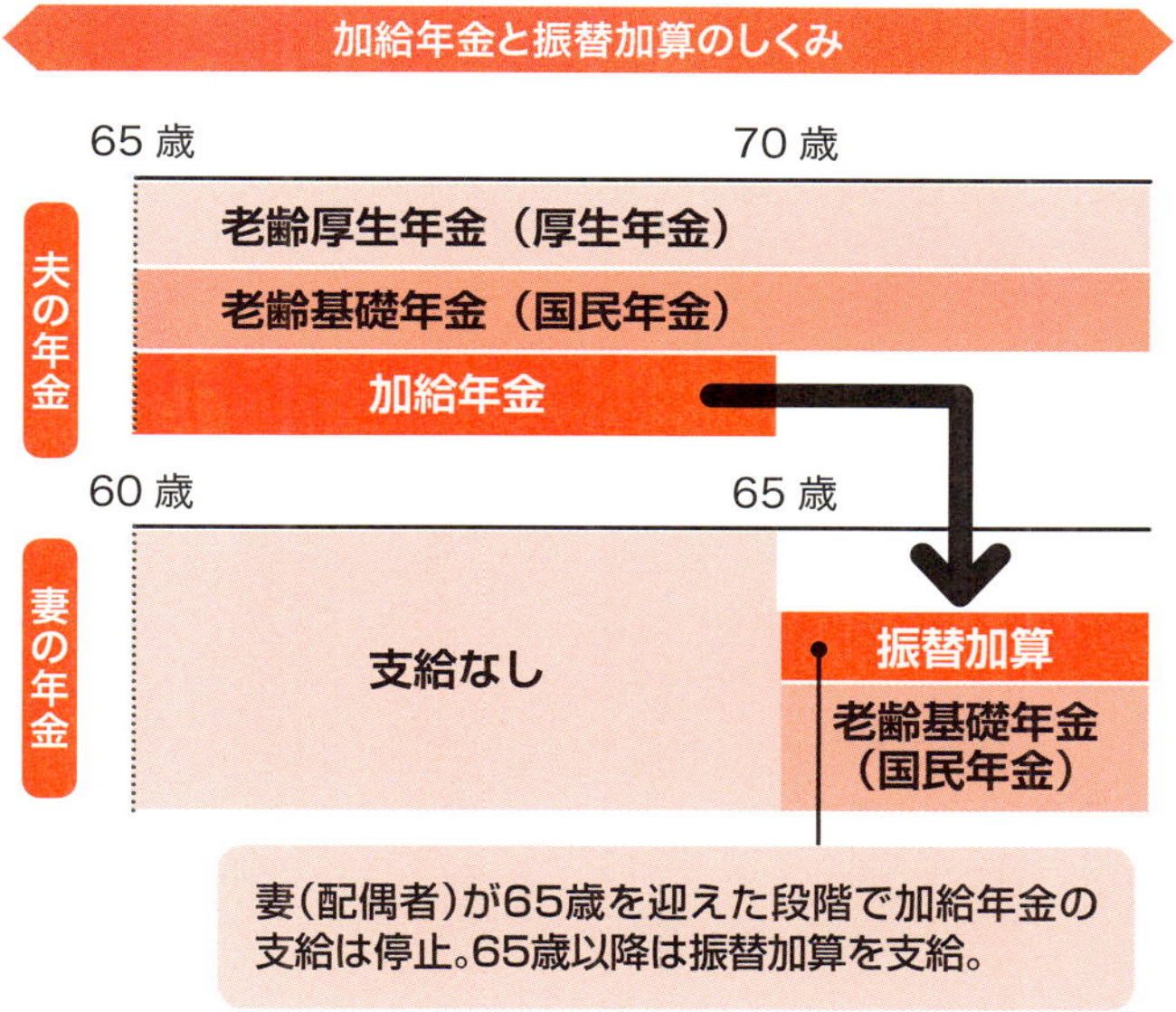

いる場合は支給されません。

子どもに対する加給は、子どもが18歳になる年度の末日（1級、2級の障害のある子については20歳未満）までで、第1子と第2子は1人につき年22万4500円。第3子以降は年7万4800円です。

配偶者に対する加給年金は、配偶者が65歳になった時点で停止されますが、配偶者が1966年4月1日以前の生まれなら、加給年金の停止と同時に今度は（金額は加給年金よりかなり下がりますが）**「振《ふり》替《かえ》加《か》算《さん》」**という年金が支給されます。

❖企業年金への加入の有無を確認しよう

企業年金の請求を忘れない

厚生年金基金などの企業年金の請求忘れに注意

公的年金とは別に、**企業が従業員に、退職金の一部として支給する年金が企業年金**です。企業年金の制度は、会社によってかなり異なります。受給期間が10年や15年などあらかじめ決められている有期年金を採用する会社もあれば、生涯にわたって保障する終身年金を採用している会社もあり、多くの場合は厚生年金基金が、老齢厚生年金の報酬比例部分を企業・社員の代わりに運用しています。

また**企業年金は、退職時の一時金として全額一括払いするところもあれば、半分を一時金形式、半分を年金形式で払うところもあります。**そのため、近年増えているのが、企業年金の「もらい忘れ（請求忘れ）」です。

厚生年金基金のしくみ

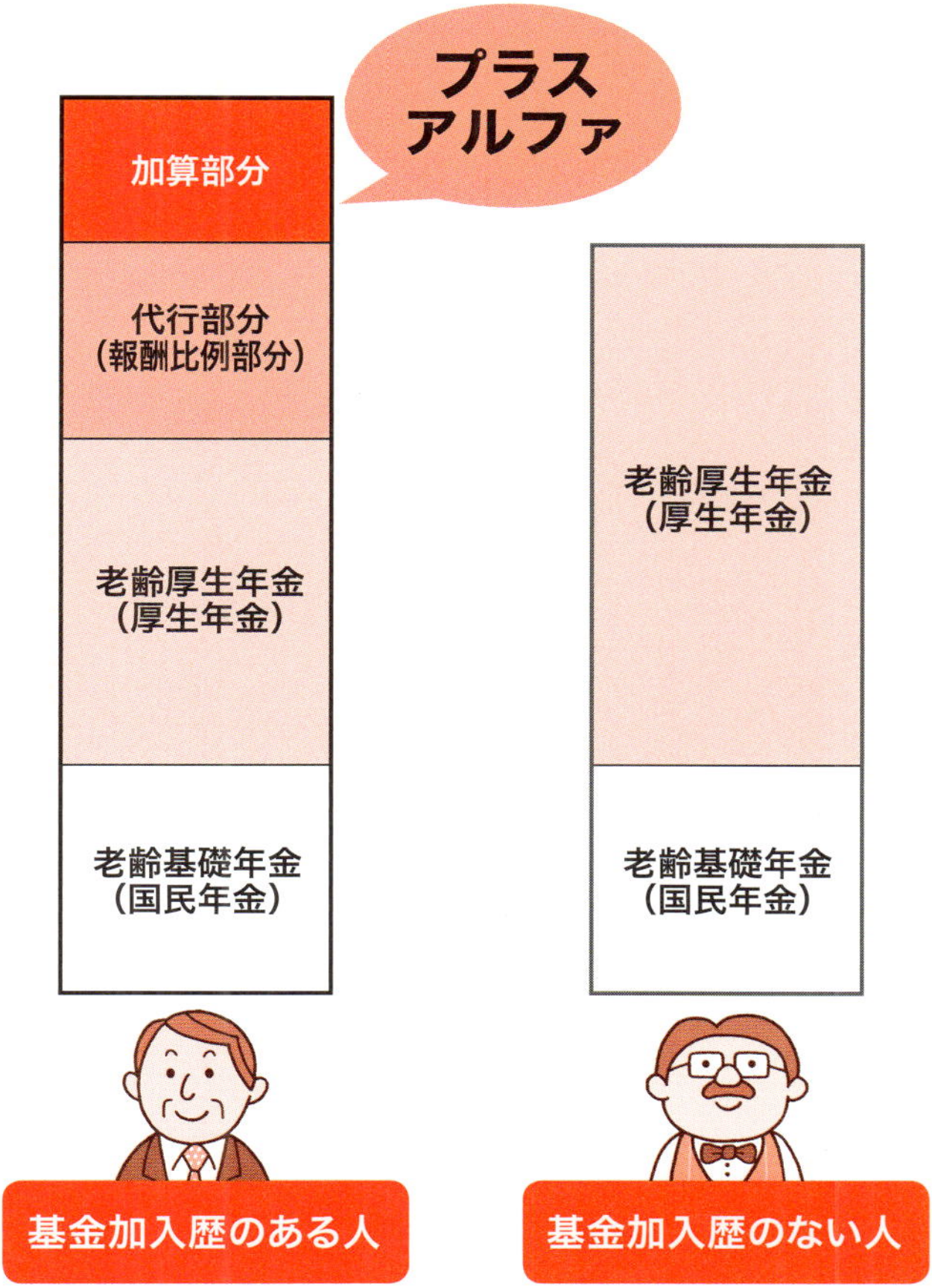
プラスアルファ
加算部分
代行部分
（報酬比例部分）
老齢厚生年金
（厚生年金）
老齢基礎年金
（国民年金）
基金加入歴のある人
老齢厚生年金
（厚生年金）
老齢基礎年金
（国民年金）
基金加入歴のない人

退職時に一時金を受け取ったために、それ以上に基金から受け取れる分はないと思い込んでしまったり、厚生年金基金のある会社に在籍していた期間が短かった人が、定年後に請求を忘れるケースが多いのです。

自分が**企業年金をもらい忘れていないかを確かめるには、企業年金連合会に問い合わせる**のが確実です。

自分自身で運用する確定拠出型の企業年金

かつての企業年金は、給付額があらかじめ決まっている「確定給付型」が主流でした。この方式は、企業が社員の年金原資を運用し、運用に失敗しても約束した利率通りの年金を払うもので、企業側の負担が大きい方式でした。そのため近年は、年金の原資を社員が自身で運用する「確定拠出型」方式を採用する企業が増えています。

社員は運用先として、ハイリスク・ハイリターンの金融商品のほか、元本保証型のローリスクなものまで選択できます。

❖万が一、夫が死亡したら年金はどうなる？

3種類ある「遺族年金」

公的年金加入者の遺族年金の種類

公的年金の加入者が亡くなった場合、遺族に対して支払われる**「遺族年金」**という制度があります。

遺族年金には、公的年金の全加入者が対象の①「遺族基礎年金」、厚生年金の加入者が対象の②「遺族厚生年金」、国民年金の加入者が対象の③「寡婦《かふ》年金」の3種類があります。

遺族基礎年金が払われる条件は、死亡者の年金払込期間（免除期間を含む）が加入期間の3分の2以上あることで支給対象者は死亡者の「子どものいる」妻と子どもです。

条件を満たすと、次の額が支給されます。

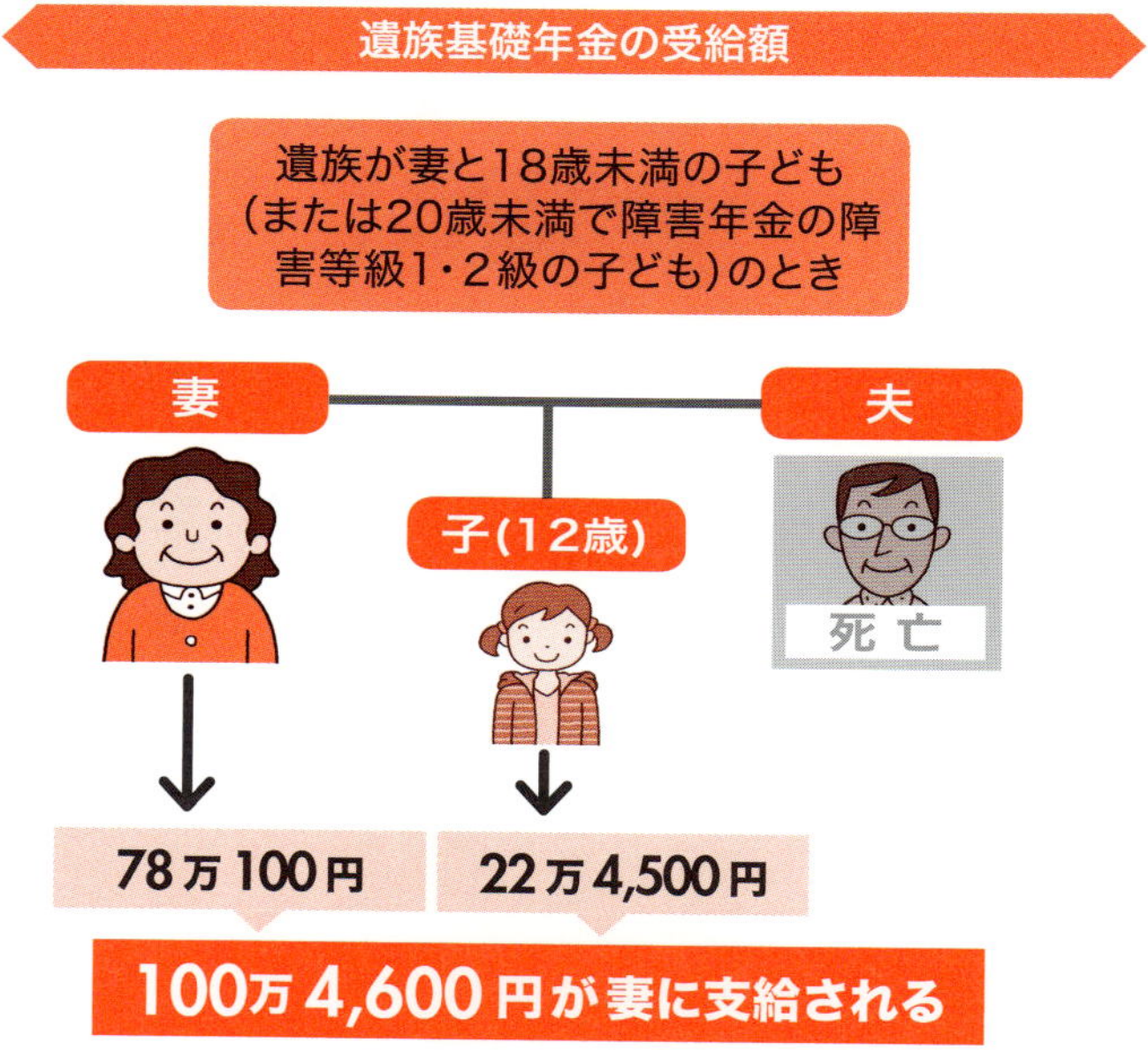

●妻に対しては、子どもが18歳になるまで年額78万100円
●子どもには、その子自身が18歳になるまで年額22万4500円（障害年金の障害等級が1・2級の子の場合は20歳になるまで）。第3子以降は7万4800円

寡婦年金とは？

寡婦年金は、国民年金のみに加入していた第1号被保険者の夫が亡くなった妻に支給されます。

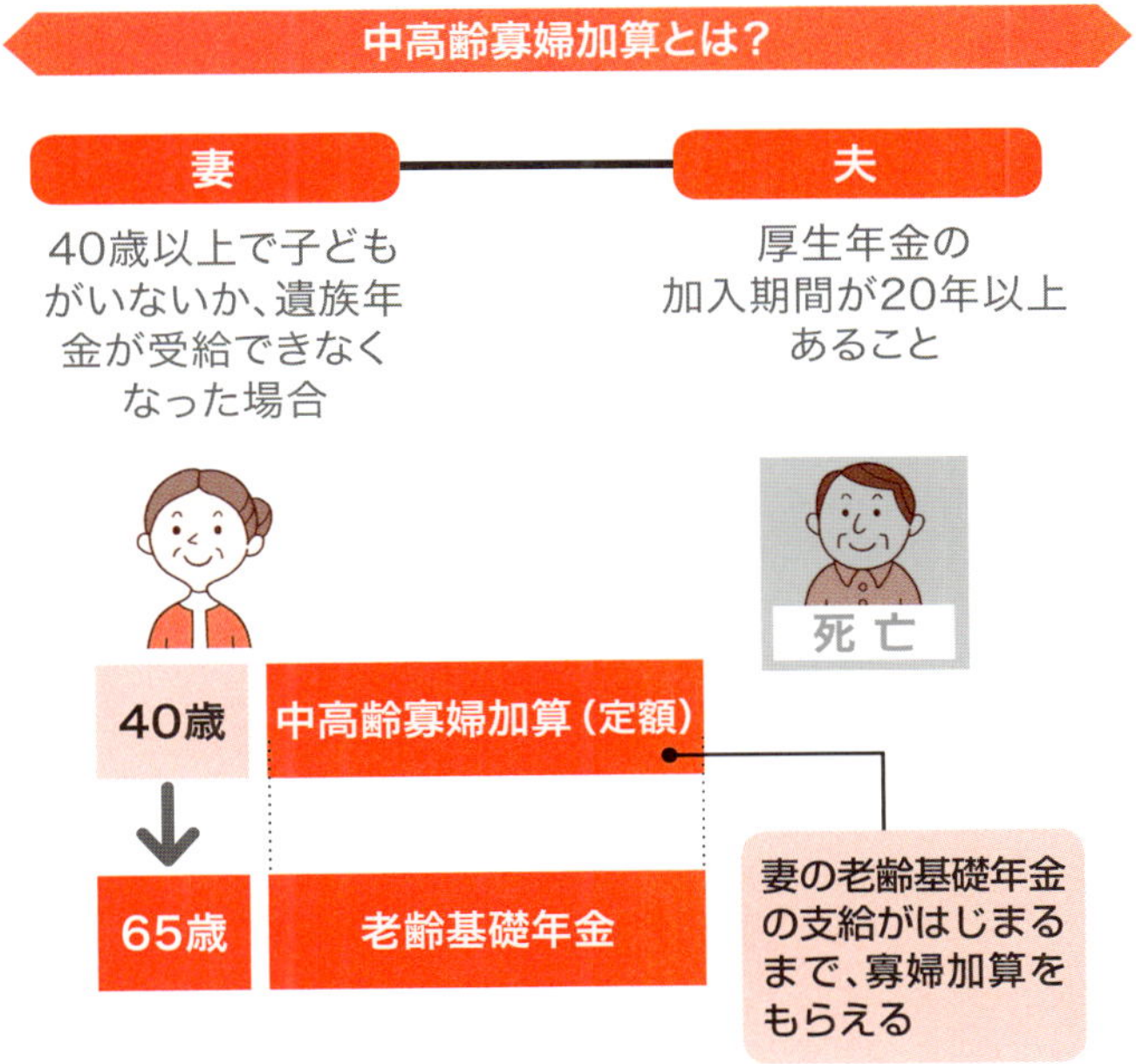
中高齢寡婦加算とは？
妻
夫
40歳以上で子どもがいないか、遺族年金が受給できなくなった場合
厚生年金の加入期間が20年以上あること
死亡
40歳
65歳
中高齢寡婦加算（定額）
老齢基礎年金
妻の老齢基礎年金の支給がはじまるまで、寡婦加算をもらえる

婚姻期間が10年以上であった場合、妻に対して60歳から64歳までの期間、夫が生きていたら支給された老齢基礎年金の4分の3が支給されます。

なお、寡婦とは配偶者と死亡後に再婚していない女性のことです。そのため、寡婦年金は女性しか受け取れません。

遺族厚生年金の条件

厚生年金に加入中、もしくは25年以上加入している人が亡くなり、その妻の年収（夫の死亡前年の年収）が８５０万円未満の場合、遺族基礎年金に加え、「遺族厚生年金」という年金が支払われます。

支給額は死亡した人の厚生年金の４分の３です。したがって加入期間が少なければ減額されます。

また、遺族厚生年金には「中高齢寡婦加算」という制度もあります。中高齢寡婦加算は、次のいずれかに該当する妻になります。

●厚生年金加入期間20年以上の夫が亡くなったとき、40歳以上65歳未満で、生計を同じくしている子がいない妻

●遺族厚生年金と遺族基礎年金を受けていた子のある妻が、子が18歳到達年度の末日に達した（障害の状態にある場合は20歳に達した）等のため、遺族基礎年金を受給できなくなったとき。

中高齢寡婦加算が適用されると、その妻には65歳になるまで年額58万５１００円が支給されます。

❖未納期間がある人への救済措置とは？

年金を満額受け取れないときはどうする？

後納と任意加入という制度を利用する

国民年金は40年間毎月欠かさず支払って、はじめて満額を受け取れます。たとえ**1カ月でも、未納期間が存在すれば、満額を受け取ることはできません。**

しかし、長年まじめに保険料を支払ってきたのに、数カ月払い忘れただけで満額支給されないのでは、救いがありません。そこで、そういう人のための救済措置として、**「後納《こうのう》」**と**「任意加入《にんいかにゅう》」**という制度があります。「後納」は、未納分の保険料をさかのぼって納付できる制度で、最大2年までさかのぼって納付できます。「任意加入」は、本来は年金の払込期間は60歳までですが、65歳まで延長できる制度です。未納期間がある人は、「後納」と「任意加入」を使って、年金を満額受け取れるようにしておきましょう。

国民年金の「後納」と「任意加入」

後納

経済的な理由による未納分や払い忘れてしまった保険料をさかのぼって納付できる。

↓

さかのぼって2年以内のみ可能

任意加入

本来60歳までとされている年金の払込期間を65歳（受給資格を満たしていない場合は70歳）まで延長することができる。

↓

任意加入期間に40年分の支払いを済ませれば、満額もらえる

Point! 加入期間40年を超えて任意加入制度を利用することはできません。

❖「繰り上げ受給」と「繰り下げ受給」を知っておこう

60歳から年金をもらいたいときは？

申請することで早めに年金を受け取ることもできる

原則として国民年金の受け取りは65歳からですが、諸事情でもっと早くから年金を受け取りたい人もいるでしょう。

そういう人は、申請すれば、年金を早めにもらうことができます。これを**「繰り上げ受給」**といいます。

「繰り上げ受給」は、本来は65歳からの支給を、60歳からもらうことができる制度です。ただし、**1カ月繰り上げるごとに0・5％ずつ支給額がカット**されてしまいます。つまり、繰り上げ受給をすると、早く年金をもらえる代わりに、生涯でもらえる年金の総額が減ってしまうということです。具体的に見ていくと、２０１９年度の国民年金は通常受給だと年間

78万1００円（満額）ですが、1カ月繰り上げると77万6２００円になります。同様に計算すると、1年繰り上げると73万３２９４円（6％減）、2年繰り上げると68万６４８８円（12％減）になります。

60歳から繰り上げ受給すると年額は54万６０７０円です。65歳から受給する人に比べると30％も減額され、**77歳以上まで生きると通常受給よりもらえる総額は少なくなります。**また、繰り上げ受給すると、「障害年金」を請求できなくなります。

金額だけを見ると繰り上げ受給は明らかに損ですが、5年も早く受け取れるのは大きなメリットといえます。

一方、受給開始年齢を最大で5年遅らせることもできます。これを**「繰り下げ受給」**といいます。こちらは、**1カ月繰り下げるごとに0・7％ずつ支給額が増え**、70歳から受給すると通常受給に比べて42％も増額されます。しかし、多く年金をもらえる代わりに、**82歳まで生きないと通常受給よりももらえる総額が少なくなる**というデメリットがあります。

繰り上げ受給、繰り下げ受給を申請する際は、それぞれのメリット・デメリットを考慮しておきましょう。

「繰り上げ受給」と「繰り下げ受給」

例　60歳から繰り上げ受給する場合

0.5%×12カ月×5年＝30%の減額

通常受給の場合：年間78万100円

⬇

5年繰り上げの場合：

年間54万6,070円に減額！

減額された金額が生涯、適用される。なお、繰り上げ受給すると「障害年金」を請求できなくなる

月0.5%減額

例　70歳まで受給を遅らせた場合

0.7%×12カ月×5年＝42%の増額

通常受給の場合：年間78万100円

⬇

5年繰り下げの場合：

年間110万7,742円に増額！

増額された金額が生涯、適用される

月0.7%増額

国民年金の受け取り開始時期と支給総額

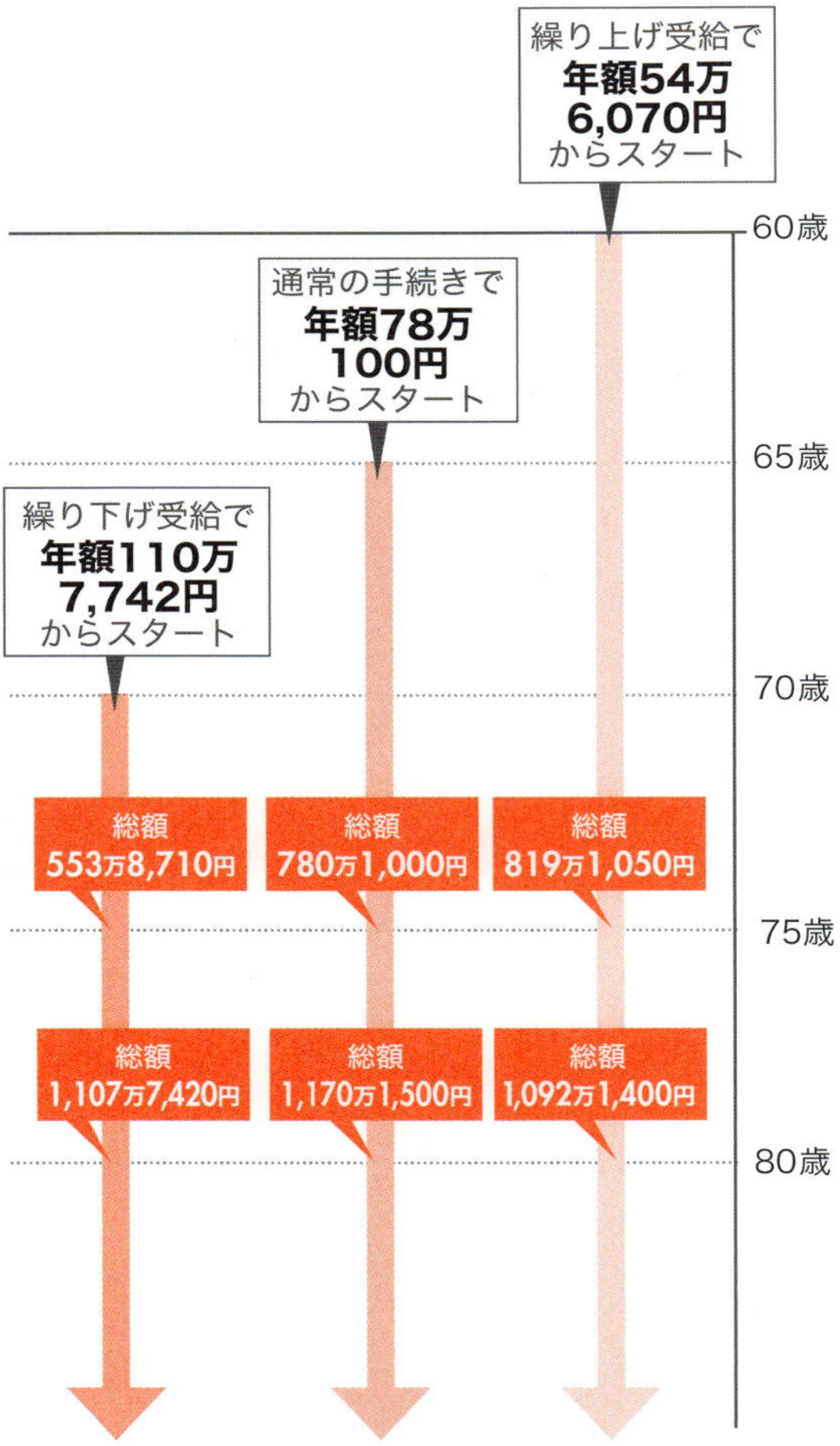

❖少額だが、上乗せできる年金がある

自営業者は「付加年金」をつけよう

第1号被保険者なら「付加年金」を利用できる

自営業の人がもらえる年金は国民年金だけなので、将来が心配な人もいるでしょう。そういう人のために**「付加《ふか》年金《ねんきん》」**という制度があります。毎月4００円を納付すると、「2００円×納付月数」分の金額が上乗せされます。たとえば、50歳から60歳までの10年間、毎月納付すると、支払総額が4万8０００円に対して、65歳から毎年2万4０００円が支給額に上乗せされます。つまり、**2年以上受給できれば、元がとれる**ことになります。

なお、付加年金に加入できるのは第1号被保険者だけで、会社員は加入できません。

少額ではありますが、ゼロよりはましです。2年で元もとれますし、年金だけでは不安という人は、付加年金を利用するといいでしょう。

「付加年金」の納付金額と支給額

50歳～60歳までの10年間、付加年金に加入した場合

納付額

400円×12カ月×10年

＝4万8,000円

支給額

200円×12カ月×10年

＝2万4,000円/年

毎年2万4,000円が生涯、上乗せされる。

55歳～60歳までの5年間、付加年金に加入した場合

納付額

400円×12カ月×5年

＝2万4,000円

支給額

200円×12カ月×5年

＝1万2,000円/年

毎年1万2,000円が生涯、上乗せされる。

❖国民年金の保険料を安くする方法

国民年金は前払いがおトク

納付方法によっては割引される

2019（令和元）年度の国民年金の保険料は、毎月1万6410円です。決して安い金額ではありません。意外と知られていませんが、国民年金の保険料を安くする方法があります。それが「前払い」制度です。いくつか種類があり、それぞれ割引率が違います（134ページ参照）。なかでも、**口座振替で2年分を前払いすると、年間で7880円安くなります。**もし前払いができるのであれば、積極的に利用しましょう。

また、経済的な事情でどうしても保険料を支払えない場合は、「保険料免除・納付猶予制度」を使いましょう。免除された期間は資格期間に入り、一定の年金額を受け取ることもできます。ただし、免除された分を追納しなければ、満額もらうことはできません。

国民年金の前払いの種類と割引額（2019 年度）

●通常納付

割引なし	＝年額19万6,920円

●早割（口座振替で1カ月分前払い）

年間で600 円お得！

1 カ月で 50 円割引	＝年額19万6,320円

●現金で6カ月分前払い

年間で1600 円お得！

6 カ月で 800 円割引	＝年額19万5,320円

●口座振替で6カ月分前払い

年間で2240 円お得！

6 カ月で 1,120 円割引	＝年額19万4,680円

●現金で1年分前払い

年間で3500 円お得！

1 年で 3,500 円割引	＝年額19万3,420円

●口座振替で1年分前払い

年間で4130 円お得！

1 年で 4,130 円割引	＝年額19万2,790円

●口座振替で2年分前払い

年間で7880 円お得！

2 年で 1 万 5,760 円割引	＝年額18万9,820円

※ 2020 年度の割引前保険料は 1 万 6540 円

❖怪我の後遺症が残ったときはどうなる？

重度の障害なら年額約97万円が支給

障害の程度や子どもの有無などで支給額が変わる

公的年金には、老齢年金のほかに、病気（がんや糖尿病など、生活や仕事が制限される病気）や怪我で障害が生じたときに支給される**「障害年金」**があります。

現役世代でも免除期間を含む**保険料納付期間が加入期間の3分の2以上**などの要件を満たせば、支給されます。

障害年金は、加入していた年金制度や障害の程度、配偶者・子どもの有無などによって、支給される年金の種別および支給額が異なります。

このうち、国民年金の被保険者が受けられるのが「障害基礎年金」。支給されるのは障害等級表の1級・2級に相当する障害がある期間で、支給額は1級が年額97万5125円、2

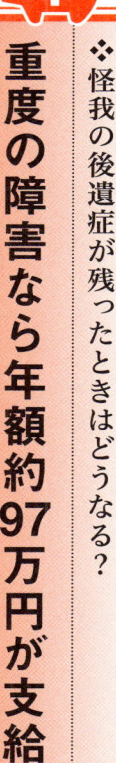

級が年額78万1００円です。

ただし、被保険者に子ども（18歳到達年度の末日までの間にある子、もしくは1級・2級の障害のある20歳未満の子）がいれば、その人数によって支給年金額は加算されます。加算額は、第1子と第2子はそれぞれ年額22万4５００円、第3子以降は年額7万4８００円です。

軽度の障害でも受け取れる障害厚生年金

病気や怪我の初診日が厚生年金の加入期間中で、なおかつ**障害基礎年金の1級・2級に該当する障害を負った際には、障害厚生年金が障害基礎年金に上乗せされます。**2級に該当しない軽度の障害なら3級の障害厚生年金が支給され、初診日から5年以内に病気や怪我が治り、軽い障害が残った際は障害手当金（一時金）が支給されます。

障害厚生年金には、加入月数3００カ月（25年）の最低保障があるため、新入社員で障害を負っても、25年加入したと見なされ、年金額が算出されます。

障害年金を受給するための要件

障害基礎年金	**受給資格**	❶ 被保険者であること または ❷ 被保険者であった人で、日本国内に住んでいて、60 歳以上 65 歳未満であること　など
	医師の診断	障害等級 1 級
		障害等級 2 級

障害厚生年金	**受給資格**	被保険者であること　など
	医師の診断	障害等級 1 級
		障害等級 2 級
		障害等級 3 級

障害等級 1 級
両上肢、両下肢に
著しい障害があるなど

障害等級 2 級
片上肢、片下肢に
著しい障害があるなど

障害等級 3 級
両眼の矯正視力が
0.1 以下など

❖高額療養費制度を利用すれば、一定の金額が還付される

医療費が高額の場合、一定額が支給される

医療費の一部を支給する高額療養費制度

同一月内にかかった**医療費が高額になった場合、一定の金額（自己負担限度額）を超えた分が支給される高額療養費《こうがくりょうようひ》制度**があります。この制度は被扶養者にも適用されますが、入院時の個室の差額ベッド代など、保険診療以外は非対象です。民間の医療保険からの保障がある場合も利用ができ、限度額が70歳未満と70歳～74歳で異なります。

手続きは、自分が加入している公的医療保険（健康保険組合・協会けんぽ・市区町村国保・後期高齢者医療制度・共済組合など）に申請書類を提出します。郵送でも可能です。領収書の添付を求められることがありますので、領収書は保管しておきましょう。支給までには、受診月から最低3カ月程度を要します。

年齢・所得別の自己負担限度額（70歳未満）

所得区分	自己負担限度額	多数回該当の場合の自己負担限度額
区分ア（月収83万円以上）	25万2,600円＋（医療費－84万2,000円）×1%	14万100円
区分イ（月収53万～79万円）	16万7,400円＋（医療費－55万8,000円）×1%	9万3,000円
区分ウ（月収28万～50万円）	8万100円＋（医療費－26万7,000円）×1%	4万4,400円
区分エ（月収26万円以下）	5万7,600円	4万4,400円
区分オ（住民税非課税世帯）	3万5,400円	2万4,600円

支払額を限度額までにできる

事前に「限度額適用認定証」を用意することで、医療機関の窓口での支払額を限度額までにできます。

ただし、限度額適用認定証はひとつの医療機関にしか提示できないため、**複数の医療機関の合計額で高額になる場合は利用できません。**入院の際には事前に用意すると便利です。

こちらも自分が加入する公的医療保険に申請して発行してもらうことができ、郵送での申請も可能です。

年齢・所得別の自己負担限度額（70歳～74歳）

所得区分		自己負担限度額 外来（個人ごと）	自己負担限度額 外来・入院（世帯）
①現役並み所得者	現役並みⅢ（月収83万円以上で高齢受給者証の負担割合が3割）	25万2600円＋（医療費－84万2000円）×1%	
	現役並みⅡ（月収53万～79万円以上で高齢受給者証の負担割合が3割）	16万7400円＋（医療費－55万8000円）×1%	
	現役並みⅢ（月収28万～50万円以上で高齢受給者証の負担割合が3割）	8万100円＋（医療費－26万7000円）×1%	
②一般所得者（①および②以外の人）		1万8000円	5万7600円
③低所得者	Ⅰ（※1）	8000円	1万5000円
	Ⅱ（※2）		2万4600円

※1　被保険者とその扶養家族すべての収入から必要経費・控除額を除いたあとの租特がない場合

※2　市区町村民税の非課税者等

❖労災適用外でも大丈夫

病気で働けなくても給与の一部がもらえる

仕事中の怪我以外でも、給与の一部が受け取れる

就業時以外の怪我や病気で休業すると、健康保険から**傷病《しょうびょう》手《て》当金《あてきん》**が支給されます。支給額は、休業1日につき標準報酬日額の3分の2です。支給期間は、支給開始日から最長1年6カ月です。ただし、期間中に出勤した日があっても、その分の支給期間は延長されません。

傷病手当金が支給されるための要件は次の4つで、すべて満たすことが必要です。

①業務外の事由による病気や怪我のための休業である
②仕事に就くことができない
③連続する3日間の待期期間を含み、4日以上仕事に就くことができない
④休業した期間に賃金の支払いがない

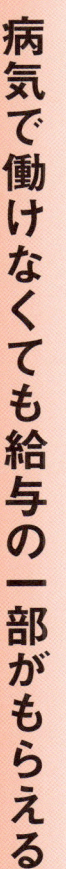

ただし、賃金の支払いがあっても、傷病手当金の額より少ない場合は差額が支給されます。

退職後も受給でき、老齢年金との調整も可能

退職して被保険者資格を喪失した後も、傷病手当金を受給できる場合があり、次の2要件を満たす必要があります。

①退職日まで被保険者期間が継続して1年以上ある

②退職日までに傷病手当金を受けているか、受けられる状態（傷病手当金支給要件の①②③を満たしている）

在職中は会社の証明が必要ですが、退職後は必要ないので、手続きは会社を通さず自分でします。自分が在職中に加入していた公的医療保険に申請書類を提出します。

また、退職後に傷病手当金の継続給付を受けていて老齢年金を受ける場合は、傷病手当金は支給が停止されます。ただし、老齢年金額の360分の1が傷病手当金の日額より少ないときは、その差額が支給されます。

待機期間には公休日や有給休暇も含まれる

【3日間の待期期間の例】

	月	火	水	木
例1	休	休	出	休

連続していないので
待期期間は完成せず ×

例2	休	公	公

待期期間には
公休日も含めてよいので
待期期間が完成 ◎

例3	有	有	休

待期期間は
賃金の支払いがあっても
よいので、待期期間が完成 ◎

❖お祝い金をもらうための条件とは？

再就職したら「再就職手当」の申請を忘れずに

早めの再就職でお祝い金をもらえる

再就職すると、失業保険の受給は停止します。その代わり、以下の一定条件のもとで就職をした場合には、**再就職手当**《さいしゅうしょくてあて》というお祝い金がもらえます。

- ●失業保険の支給残日数が3分の1以上残っていること
- ●離職前の事業所に再度就職したものではないこと
- ●1年を超えて勤務することが確実であること
- ●原則として雇用保険の被保険者となる就職をすること
- ●求職の申込み前に雇われることが約束されていないこと

再就職手当は起業でも受給可能（ただし、条件付き）

起業で再就職手当を受け取る条件

- ☑ ７日間の待期期間が終わってから起業の準備を開始したこと
- ☑ 離職理由による給付制限のある場合、待期期間満了後１カ月を経過した後から起業の準備を開始したこと
- ☑ １年を超えて事業を安定的に継続して行うことができる、自立したものと認められること
- ☑ 事業を開始した日より前の３年間に再就職手当を受給していないこと

●再就職の日より前の3年間に再就職手当を受給していないこと

再就職手当は、早期に再就職をするほど金額が多くなります。

また、再就職手当受給後に万が一離職し、失業状態となった場合は、再就職手当分を除く失業保険の残日数分を受給できる可能性があります。

再就職手当の支給手続きは、就職した日の翌日から1カ月以内にハローワークで行います。1カ月しかないので、忘れずに申請しましょう。なお。忙しい人は、代理人や郵送での手続きも可能です。

再就職手当の支給額の例

→ 失業保険の支給残日数が 2/3 以上ある

所定給付日数の支給残日数

×

基本手当日額 × **70%**

例　失業保険の被保険者期間が20年で、
60歳で定年退職した場合

100日（所定給付日数150日）× 4,990円（60歳以上65歳未満の失業保険の上限）×70%

→ **34万9,300円**

→ 失業保険の支給残日数が 1/3 以上ある

所定給付日数の支給残日数

×

基本手当日額 × **60%**

例　失業保険の被保険者期間が15年で、
58歳で定年退職した場合

90日（所定給付日数270日）× 6,165円（45歳以上60歳未満の失業保険の上限）×60%

→ **33万2,910円**

❖再就職前に病気になったらどうする？

就職活動中に病気になったら手当金が出る

失業保険と同額が傷病手当として支給される

求職の申込みをしたあとに、病気や怪我のため15日以上引き続き職業に就けない場合には、**傷病手当**《しょうびょうてあて》が支給されます。金額は失業保険と同額です。

手続きは、病気や怪我が治ったあとの最初の認定日までに、ハローワークで認定を受けます。認定日は必ず確認しましょう。

忙しい人は代理人や郵送による手続きも可能です。

なお、健康保険の傷病手当金など、雇用保険以外の類似の給付を受ける場合は支給されません。

受給期間の延長は、給付日数が増えるわけではない

30日以上引き続いて病気や怪我のために就職できない場合は、失業保険の受給期間を延長できます。延長期間は最長3年なので、本来の受給期間の1年を含めると、合計4年までとなります。

ただし、退職時の年齢が65歳以上の場合は、延長は認められません。また、受給可能な期間が延長されるだけで、給付日数が増えるわけではないので注意が必要です。

受給期間延長の手続きは、退職の翌日以降に病気や怪我などで働けない日数が30日以上になった翌日から、1カ月以内に行います。期間の延長についても、代理人や郵送による手続きが可能です。

手続きを忘れて、本来の受給期間の1年が経過すると、支給残日数があっても消滅します。忘れずに手続きしましょう。

病気や怪我の療養期間によって対応が異なる

病気や怪我で職業に就けなくなったら

14日以内	15日以上30日未満	30日以上
失業保険 通常の失業保険の手続き	**傷病手当** 病気や怪我が治ったあとの最初の認定日までに手続き	**受給期間の延長** 病気や怪我で働けない日数が30日以上になった翌日から、1カ月以内に手続き

❖これまで会社員だった人も確定申告が必要

退職後に確定申告が必要な場合とは？

1カ月の申告期間の前に手続きの用意をする

基本的に会社員の支払う税金のほとんどは、会社の行う年末調整によって計算が行われており、医療費控除など、会社の年末調整の対象外となる控除を受ける場合を除けば、サラリーマン時代に確定申告を行った人は少ないでしょう。

しかし、**退職すると、会社員だった人でも確定申告が必要になることがあります。**

確定申告は例年、2月16日から3月15日の期間となっています。その間であれば、税務署の閉まっている土日祝日を除いて、いつでも受付ができます。

提出先は住所地を管轄している税務署になりますが、とくに疑問点などがなければ、郵送することも可能です。申告書や関連書類などは税務署でもらうことになります。

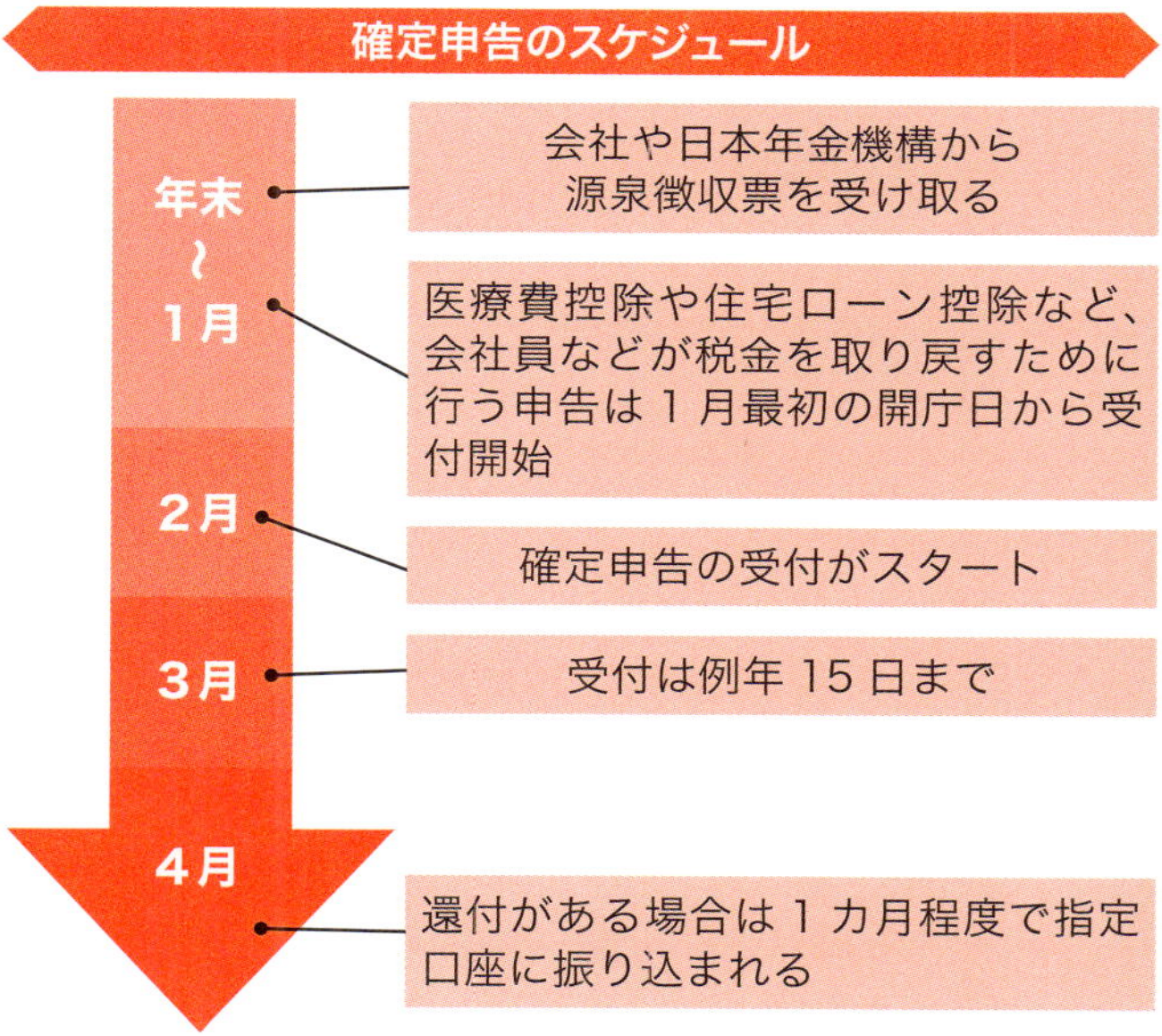
確定申告のスケジュール
年末
~
1月
2月
3月
4月
会社や日本年金機構から源泉徴収票を受け取る
医療費控除や住宅ローン控除など、会社員などが税金を取り戻すために行う申告は1月最初の開庁日から受付開始
確定申告の受付がスタート
受付は例年15日まで
還付がある場合は1カ月程度で指定口座に振り込まれる

また、国税庁のウェブサイトで申告書を作成することもできますし、申告書や関連書類をダウンロードすることも可能です。

源泉徴収票はなくさずに

どんなときに確定申告が必要かというと、退職時に会社から退職金を受け取った場合や、保険会社から生命保険の契約によって満期金を受け取った場合などです。

ただし、退職前に「退職所得の受給に関する申告書」を会社に提出した人は、原則として確定申告は不要

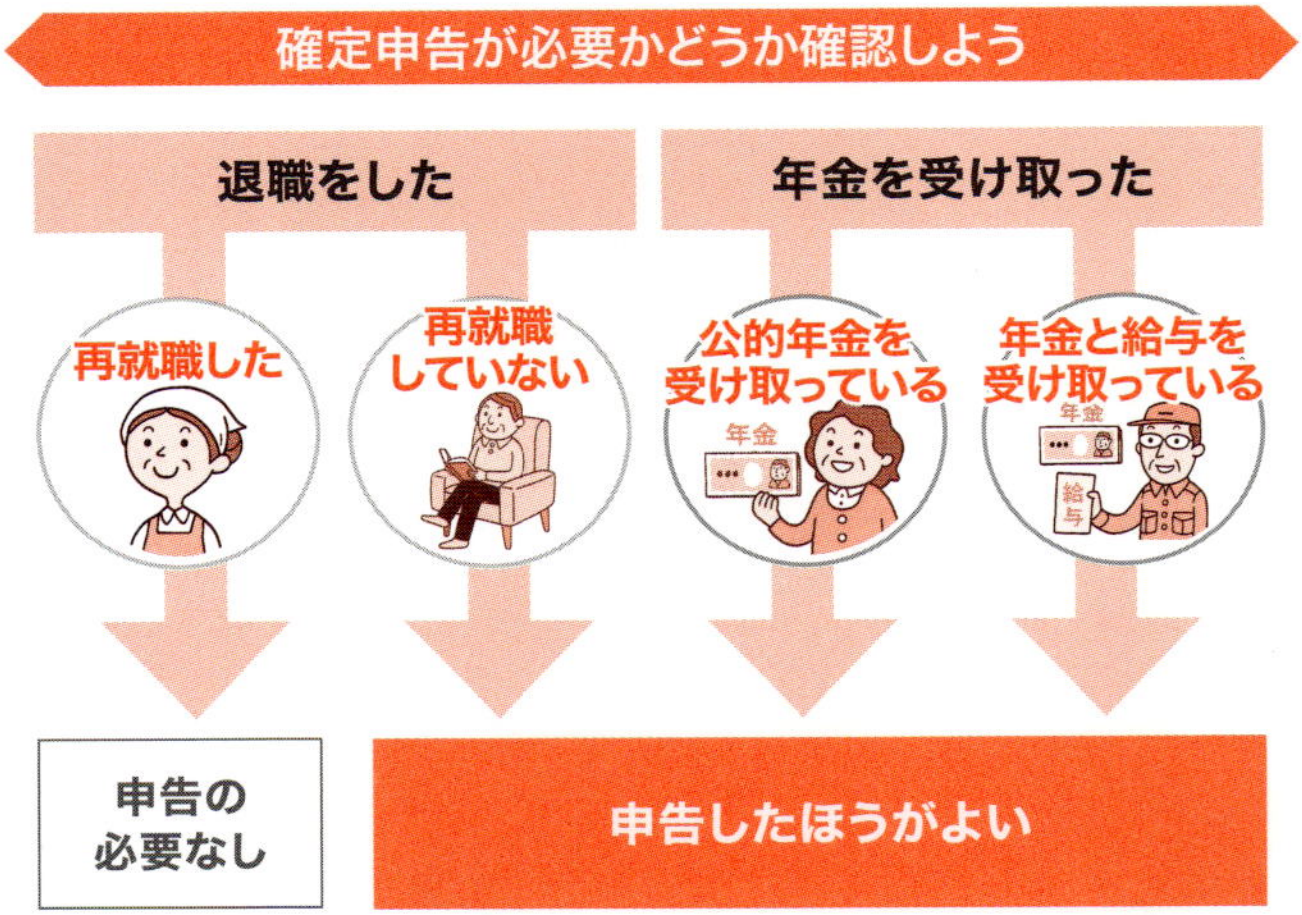

※給与所得者については、給与所得及び退職所得以外の所得が20万円を超える場合、その他一定の場合については確定申告義務がある。
※年金所得者については、その年分の公的年金等にかかる雑所得以外の所得金額が20万円を超える場合、その他一定の場合については確定申告義務がある。

です。

　また、退職後に受け取る年金も課税対象となっており、一定額以上の支給を受けている際には、確定申告が必要になります。

　年金受給者が確定申告をする場合、年金に対する源泉徴収票が必要です。

　厚生年金や国民年金を受け取っている場合、年始に日本年金機構から「公的年金等の源泉徴収票」が郵送されます。確定申告の際に必要となるだけでなく、年金生活での年間収入の証明にもなります。住宅ローンの契約や家の賃貸契約を結ぶ際に必要になるので、大切に保管しましょう。

とくに定年退職した後に再就職をしていない場合、その年の給与から天引きされていた所得税については、確定申告をすることで納税額が計算し直され、税金の還付を受けられる（払い過ぎた税金が戻ってくる）可能性が高いのです。

給与から源泉徴収される所得税は、その給与で1年間働くことを前提として徴収されています。つまり、「1年間この程度働くのであれば、1カ月の税金はおおよそこのくらいだろう」という推測の額で計算されているのです。ですから、定年退職を迎え、年の途中で退職した場合は、退職してからの収入が大幅に減少することになるので、税金を納めすぎている可能性が高くなるのです。

なお、確定申告の申告書についてわからないことや不安な点があれば、税務署に相談してみるといいでしょう。

❖働きながら年金をもらう場合は申告しよう

確定申告で還付を受けられることも

年金とは別に所得があれば、確定申告すべき

定年退職後のライフプランはさまざまです。会社からの退職金や保険会社からの生命保険の満期金といった、まとまったお金を受け取り、しばらくのんびり過ごす人もいるでしょう。また、老後に不安がある場合は、再就職をしていることもあるでしょうし、年金を受け取りながらアルバイトなどで少しでも収入を得ようとする人も少なくないはずです。

退職後、再就職せずに年金を受け取りつつも、アルバイトなどをして収入を得ている場合、アルバイトの給与から所得税が源泉徴収《げんせんちょうしゅう》されています（給与の金額が少ない場合は所得税がゼロの場合もあります）。そして年金も一定額を超えていれば、公的年金などの雑所得《ざつしょとく》として、所得税が源泉徴収されています。

年金の所得金額の計算方法

（1）生命保険契約に基づく年金など（公的年金等以外の年金）

受け取った年金額 － 必要経費（年金の支払金額に対応する保険料の額）

＝ 年金の所得金額

（2）公的年金など

	公的年金などの年間総収入額	公的年金などに係る雑所得
65歳未満の人	70万円以下	0円
	70万1円以上130万円未満	年間総収入－70万円
	130万円以上410万円未満	年間総収入×75%－37万5,000円
	410万円以上770万円未満	年間総収入×85%－78万5,000円
	770万円以上	年間総収入×95%－155万5,000円

	公的年金などの年間総収入額	公的年金などに係る雑所得
65歳以上の人	120万円以下	0円
	120万1円以上330万円未満	年間総収入－120万円
	330万円以上410万円未満	年間総収入×75%－37万5,000円
	410万円以上770万円未満	年間総収入×85%－78万5,000円
	770万円以上	年間総収入×95%－155万5,000円

また、生命保険会社の契約などによって、個人年金などを受け取っている場合も、雑所得として課税されています。これらの個人年金は、「受け取った年額」から必要経費である「支払った保険料」を差し引いた分が課税対象になります。

いずれの場合も、**確定申告を行うことで正しい納税額が算出されるので、還付を受けられることがあります。**

退職金を元手に事業を行う場合

退職後に独立・起業して個人事業主として、事業をはじめる人もいるかもしれません。

個人事業主は確定申告が必須になりますが、決算を行った際に**赤字となってしまった場合は、退職所得の金額と損益通算《そんえきつうさん》することができます。**

赤字の金額分だけ、課税対象となる退職所得の金額が減少することになり、税金の還付を受け取ることができます。事業をはじめたばかりの頃は、何かと経費がかさむので、還付の額も大きくなります。また、不動産所得の赤字も退職所得と損益通算できるケースもあります。

❖生命保険の満期金を受け取ったときなどの対処法

一時所得が入ったときはどうする？

確定申告不要対象でも住民税の申告はすべき

公的年金等の収入金額が４００万円以下で、公的年金等に係る雑所得以外の所得が20万円以下の場合、確定申告は不要となっています（源泉徴収されない公的年金、外国の法令に基づく一定のものなどは除きます）。

公的年金等に係る雑所得以外の所得とは、生命保険や共済などの契約によって支給される個人年金（その他の雑所得）や、生命保険の満期金（一時所得）のことです。ただし、住民税については、20万円以下の少額所得であっても申告が必要です。市区町村で住民税の申告を忘れずに行いましょう。

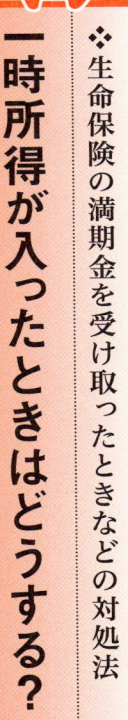

満期保険金の課税関係

保険料の負担者	満期金の受取人	税金の種類
Aさん	Bさん	贈与税
Aさん	Aさん	所得税

Point!
満期金の支払いが100万円を超えると、
保険会社が税務署に支払調書を提出します。

生命保険の満期金を受け取ったとき

また、退職前に契約した生命保険の満期金を受け取る場合も確定申告を行います。

生命保険の満期金は、保険料の支払人と満期金の受取人によって、徴収される税金の種類が異なります。

保険料の支払人と満期金の受取人が違う場合、贈与税《ぞうよぜい》が徴収されますが、支払人と受取人が同じで保険期間が5年を超える場合、満期金は一時所得となり、所得税が徴収されます。この場合、確定申告が必要です。

満期金と支払った保険料の差額のうち、50万円は控除されます。そのうち残りの差額の50%が課税対象です。

たとえば、毎月の保険料が2万円、契約期間が20年、満期金が500万円だとすると、保険料の支払い総額は480万円です。満期金との差額が20万円なので、この場合は課税対象にはなりません。

満期金は、満期一時金がそのまま入金されます。その後、保険会社から、満期保険金に対して支払った保険料を記載した計算書が郵送されるので、この計算書と合わせて申告しましょう。

また、この満期金が100万円を超えた場合、保険会社から税務署へ支払調書が提出されます。

手続きに関する書類一覧

	書類名	発行元	書類の用途	提出先
年金	ねんきん定期便	日本年金機構	年金の加入履歴などを確認する	—
	年金加入記録回答票	日本年金機構	ねんきん定期便の記録に誤りがあった際に訂正する	日本年金機構
	年金に関するお知らせ	日本年金機構	60歳の3カ月前に年金の見込額などを知らせる	—
	年金請求書	日本年金機構	年金受給のための手続きをする	市区町村の国民年金担当窓口(国民年金のみの加入者) 年金事務所(厚生年金保険、共済組合加入経験者)
	年金証書	日本年金機構	年金を受給する証明書	—
	年金証書再交付申請書	日本年金機構、市区町村の国民年金担当窓口	年金証書を再発行してもらう	年金事務所、年金相談センター
	年金振込通知書	日本年金機構	1年分の年金支給額を記載	—
	公的年金等の源泉徴収票	日本年金機構	確定申告の際に必要	税務署
	扶養親族等申告書	日本年金機構	所得税の源泉徴収時に控除を受けるために必要	日本年金機構
	老齢年金のお知らせ	日本年金機構	国民年金のみの加入者に年金受給を知らせる	—
	年金加入期間の確認について	日本年金機構	加入期間が受給に満たない人に届く	年金事務所
雇用保険	離職票1・2	勤務先	失業給付をもらうために必要	ハローワーク
	雇用保険被保険者証	勤務先	失業給付をもらうために必要	ハローワーク
	求職申込書	ハローワーク	再就職、失業給付をもらうために必要	ハローワーク
	雇用保険受給資格者証	ハローワーク	失業給付の受給に必要	—
	失業認定申告書	ハローワーク	求職中であることの証明に必要	ハローワーク
	受給期間延長申請書	ハローワーク	受給期間の延長に必要	ハローワーク
健康保険	任意継続被保険者資格取得申出書	協会けんぽ	任意継続被保険者になるために必要	協会けんぽ
	健康保険資格喪失証明書	加入していた健康保険組合	健康保険の種別変更時に必要	市区町村の健康保険担当窓口など
税金	源泉徴収票	勤務先	確定申告の際に必要	税務署
	退職所得の受給に関する申告書	勤務先	退職金にかかる所得税の源泉徴収に必要	勤務先

第4章
定年後のマネー&ライフプラン

❖現状を把握して不安を解消！

我が家の資産と借金の現状を把握する

自分の資産と借金を把握するための方法

「年金不安」が強まっていることに加え、２０１６年２月にマイナス金利が導入され、銀行の預金金利が下がるなど、一般の市民生活にも影響が出ています。また、金融庁のワーキング・グループが「老後に２０００万円が必要」と報告したことで、老後の生活に対する不安が高まっています。

こうした状況を考えると、不安を感じるのはしかたありませんが、行動しなければ何も解決できません。

まず、**自分の資産と借金を正確に把握することが先決**です。資産と借金（負債）を洗い出すのに便利なのが、**「バランスシート（貸借対照表《たいしゃくたいしょうひょう》）」**です。企業が決算時に作成する書類の

資産と負債には何が含まれるか

資産	負債
現金・預貯金	住宅ローン
株式・投資信託・債券など	自動車ローンなど、各種ローン
不動産	クレジットカードの未払い金
生命保険など	家族や友人からの借金
宝石・絵画・骨董品	・・・
自動車	
・・・	

換金できるものはすべて列挙する。株式など価格変動するものは時価、保険は解約返戻金、不動産は売却価格を調べる。

借入残高を調べて記入する。

ひとつですが、そのしくみは簡単です。自分の家計をバランスシートに落とし込んで現状を把握します。

「資産」には、現金、預貯金だけでなく、株式、債券などの投資商品、生命保険、個人年金などの保険商品、マイホーム（土地・建物）やマイカーなど、換金できるものをすべて含みます。その際、価格は購入価格ではなく、「時価」で考えます。

一方、「負債」には住宅ローンや消費者ローンのほか、クレジットカードの未払い金などのいわゆる借金が含まれます。

「資産の合計額」から「負債の合計

家計のバランスシートをつくろう

バランスシートのつくり方の例

資産		負債	
普通預金	230万円	住宅ローン	1,500万円
定期預金	100万円	自動車ローン	120万円
株式	100万円	教育ローン	80万円
投資信託	100万円	カードローン	22万円
終身保険	70万円	クレジットカードの未払い金	8万円
不動産（自宅）	2,500万円	親からの借金	600万円
自動車	30万円	**負債合計……②**	**2,330万円**
宝石･絵画･骨董品	30万円		
金地金	270万円	**純資産**	
資産合計……①	**3,430万円**	①ー②	1,100万円

この数字がマイナスの場合は、資産をすべて換金して、返済に充てても返しきれない「債務超過」であることを示す。

生活設計の有無

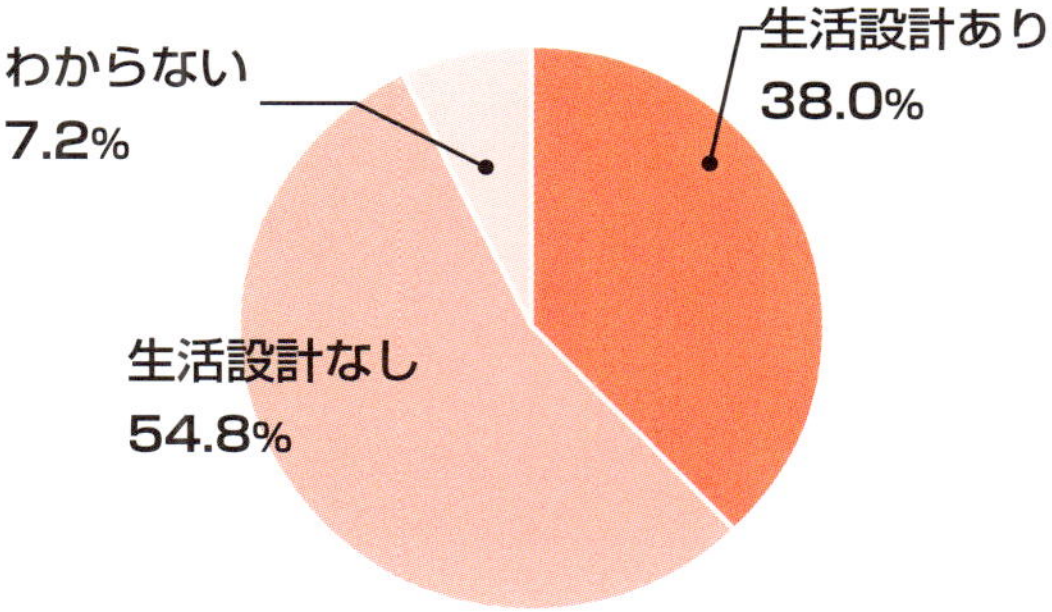

出典：生命保険文化センター「平成28年度生活保障に関する調査」

額」を引いたものが「純《じゅん》資産《しさん》」、つまりあなたの財産です。たとえ預貯金が多くても、思った以上に負債があれば、老後資金が不足しているかもしれません。逆に現状を把握したら、足りているかもしれません。

正確な現状把握がなければ、具体的な対策を立てられません。現実から目を背けたかったり、面倒でこの作業を先送りにしている人もいるでしょう。

しかし、問題の認識が遅くなるほど、その後の対策は限られてきます。場合によっては「打つ手なし」になるかもしれません。それを避けるためにも、右ページの表を参考に自身の資産・負債の全体像を把握しましょう。

❖定年後いくら必要なのかを計算しよう

定年後の毎月の必要額を試算する

毎月必要な生活費と年単位で必要なお金を洗い出す

生命保険文化センターの調査（「平成28年度生活保障に関する調査」）によると、老後生活に「不安感あり」の人は85・7％。そのうち80・9％が、「公的年金だけでは不十分」と感じています。金融庁のワーキング・グループによる「老後に2000万円が必要」という報告や、2019年10月から消費税が10％に引き上げられるなど、国民の不安は募るばかりです。

定年後に毎月必要な額はどれくらいなのでしょうか。同じ調査では、夫婦二人で老後生活を送るうえで必要と考えられている**最低日常生活費の平均は月額22万円**、ゆとりのある生活を送るための上乗せ額は12万8000円です。

このことから、**夫婦でゆとりある老後を送るための必要額の目安は月額34万8000円**と考えられますが、あくまでも平均額で、参考値にすぎません。たとえば、定年後に住宅ローンが残る人とそうでない人、定年後も働く人とそうでない人とでは必要な生活費は異なるのが当然です。

ちなみに、総務省「家計調査報告（平成30年）」によると、高齢夫婦無職世帯の毎月の実収入は22万２８３４円、実支出は26万４７０７円となっており、約４万２０００円足りないという数字になっています。

自分にとって本当に必要な生活費を把握する

幸せの尺度が人それぞれ違うように、満足に生活できる金額も人それぞれですから、老後の必要額も人それぞれです。現在の生活水準に照らし合わせて、**自分にとって本当に必要な額を計算**しましょう。

まず基準になるのが、現在の月額生活費です。家計簿をつけていれば、すぐにわかりますが、そうでなければ、はっきりとした数字を把握していないかもしれません。

考え方としては、毎月の決まった必要支出と毎年の必要支出を分けて考えましょう。毎月の決まった必要支出は、住居費・食費・水道光熱費・通信費といった毎月支払いが発生する生活費です。

これとは別に、旅行代や洋服代、自動車関連費用、固定資産税など、毎年一定の支出があるものを洗い出します。

「毎月の生活費×12＋年単位で必要な費用」が一年間に必要なお金ということになります。この総額を12で割れば、毎月必要な生活費が算出できます。これにより老後の毎月の必要額が判明します。

こうした試算は頻繁に行う必要はありませんが、これを機会に一度は計算しておくことをおすすめします。ただし、将来、支出額が大きく変わるようなことがあったら、そのときに計算し直してください。

なお、次ページには、代表的な項目を列挙していますが、過不足があれば必要に応じて項目を調整してください。

毎月必要な生活費を試算する

STEP 1 現在の支出を洗い出す

毎月必要な支出	食費	40,000円
	住居費（家賃・住宅ローン・駐車場代など）	15,000円
	水道光熱費	20,000円
	通信費	15,000円
	生命保険料	10,000円
	医療費	10,000円
	ガソリン代	5,000円
	外食・レジャー費	15,000円
	お小遣い	40,000円
	健康保険料・所得税など	30,000円
	その他	10,000円
	毎月必要な支出の合計	**210,000円**
年単位で必要な支出	洋服代	50,000円
	自動車関連費用（車検、保険など）	100,000円
	旅行費用	400,000円
	冠婚葬祭費用	50,000円
	更新費（賃貸の場合）	0円
	住宅の修繕積立（一戸建ての場合）	50,000円
	固定資産税	10,000円
	年単位で必要な支出の合計	**660,000円**

項目は自分が使いやすいものに変えてもかまわない。

STEP 2 年間の生活費を計算する

毎月必要な支出の合計

21万円 ×12＋

年単位で必要な支出の合計

66万円 ＝

年間の生活費

318万円

STEP 3 毎月の生活費を計算する

年間の生活費

318万円 ÷12

毎月必要な生活費

＝ **26万5,000円**

Point!

統計の数字を基準にするのではなく、「現在の生活」を基準として1カ月に必要な生活費を試算することが大事!

❖定年後いくら必要かは簡単な計算で導き出せる

定年後に足りないお金をはっきりさせる

足りない額がわからなければ対策は打てない

162ページでは純資産額、166ページでは毎月の必要額を把握しました。この2つがはっきりすれば、老後の生活費がどうなるかが具体的に見えてきます。

いつ死が訪れるかで結果は大きく異なってきますが、こればかりは「神のみぞ知る」ですから、厚生労働省が発表している**平均余命《へいきんよめい》を目安にする**といいでしょう（2018年における平均余命は、60歳の男性で23・84年、女性で29・04年）。

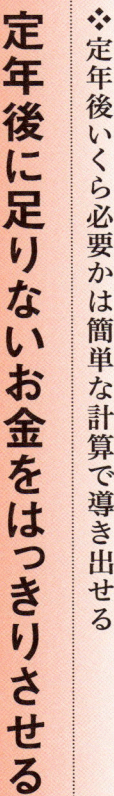

これらの材料がそろえば、簡単な計算で老後資金の過不足を計算できます。やり方を説明していきましょう。

164ページの表で求めた「純資産額」に「退職金」と、26ページで説明した「ねんきん定期便」に記載された年金額（年額）×年金受給年数（現在の年齢＋平均余命－年金受給開始年齢）で求められる年金の受給総額を足したものから、「毎月の必要額×12×定年後の想定余命（現在の年齢＋平均余命－定年年齢）」を引けばいいのです。

この時点でプラスになっていれば、大きな心配はいりません。

問題は、ここでマイナスになったときです。このマイナス額が、老後までに準備する必要がある金額ということになります。

老後資金の過不足を計算しよう

まずは、定年までに資産を増やせるかどうかを検討しましょう。仮に1000万円足りなくても、定年までの残り年数が10年あれば、毎年100万円を何らかの方法で用意すればいいわけです。

生活レベルを下げることに抵抗があるかもしれませんが、同時に毎月の生活費のムダを見直すことで支出の削減を考えます。

見栄があるがゆえのムダな支出はないでしょうか。**本当に必要なものは何かを見つめ直す**

老後資金の過不足を計算する

STEP 1 老後資金の過不足額を計算する

純資産額

円 ＋

退職金

円

164ページで試算

年金額（年額）

＋　　円 ×

年金受給年数

年

現在の年齢＋平均余命
－年金受給開始年齢

毎月の必要額

－　　円 × 12カ月 ×

定年後の想定余命

年

169～170ページ
で試算

現在の年齢＋平均余命
－定年する年齢

老後資金の過不足額

＝　　円

この数字が「＋」なら問題ない。
「－」なら対策を考える。

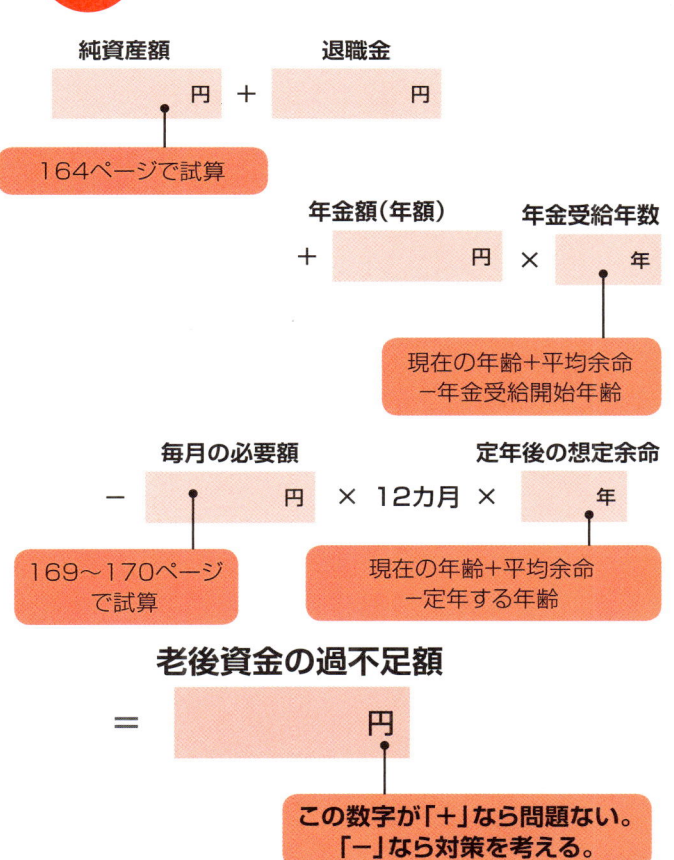

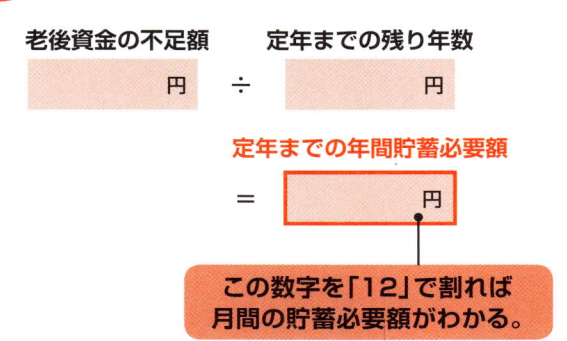

STEP 2 定年までに1年あたりいくら貯蓄が必要かを計算する

老後資金の不足額　　定年までの残り年数

　　　円　÷　　　円

定年までの年間貯蓄必要額

＝　　　円

この数字を「12」で割れば
月間の貯蓄必要額がわかる。

Point! 目標額を明確にして、生活費の見直し、貯蓄の増額などを具体化させよう!

と、不要な支出が意外に多いことに気付くはずです。

なにより「老後の準備として年100万円必要だから、月9万円ずつ貯める」といった具体的な目標を明確にすることが重要です。こうすることで、掲げた目標を達成しやすくなる効果が期待できます。この効果は意外と大きいので、毎月の貯蓄必要額までの計算はなるべく早く行いたいものです。

こうした作業は、老後資金の過不足を算出することだけが目的ではありません。老後のライフプランや心がまえをつくるうえでも大きな意味があります。

逆に、老後資金が「十分ある」とわかれば、これまで不安ばかりが先にたち、節約ばかりで老後を楽しめなかった人も、気がラクになるはずです。

節約を否定するわけではありませんが、お金は使ってこそ意味があるもの。もし余裕があるとわかったなら、余剰分は旅行や娯楽に使って、頑張った自分たちにご褒美をあげてもいいのではないでしょうか。

❖足りない分を補う方法はある！

老後資金の不足分をどうするか考える

「投資」で増やす

定年までの残りの年数が少なく、生活費を削減しても不足額を補えない場合でも、今から準備できる方法があります。

そのひとつが、株式や投資信託などへの「投資」です。お金がお金を生むようにすることで、老後資金を増やすわけです。197ページ以降、さまざまな投資商品について説明していくので参考にしてください。

ただし、投資は資金を減らす可能性をはらんでいます。虎の子の老後資金で大損をしたら取り返しがつきません。一攫千金《いっかくせんきん》を狙うのではなく、コツコツ稼ぐ姿勢が大切です。

また、お年寄りを狙った投資詐欺事件が頻発しています。詐欺師は老後の不安を抱えるお

老後の生活資金をまかなう手段

公的年金	87.5
企業年金・退職金	40.5
個人年金保険	33.3
変額個人年金保険	8.3
損保の年金型商品	4.2
生命保険	12.7
預貯金	70.4
有価証券	7.5
不動産による収入	3.8
老後も働いて得る収入	18.0
子どもからの援助	2.4
その他	0.8
わからない	3.0

（複数回答、単位:%）

出典：生命保険文化センター「平成28年度生活保障に関する調査」

年寄りの心のスキに入り込み、ウマい話でだまします。**「ハイリスク・ハイリターン」は絶対原則です。「ローリスク・ハイリターン」のウマい話は絶対にありません。**この原則に反する金融商品を勧められても、「ウマい話はない」と判断する冷静さがあれば事前に避けられます。

「労働」で稼ぐ

その点、「労働」はお金が減る心配がありません。幸いにも公的年金の支給開始年齢の引き上げに合わせて、定年の引き上げや定年後の再雇用、定年廃止などの政策によって、60歳以降も働きやすくなっています。定年前より大幅に年収は下がるかもしれませんが、年収２００万円でも5年間働けば１０００万円です。夫婦二人で働けば、さらに上積みできます。

働けば社会との接点を持ち続けられますし、体を動かす機会が増えるなど健康にもいいはずです。

しかも**65歳になるまで、下がった分の給料を補ってくれる「高年齢《こうねんれい》雇用《こよう》継続《けいぞく》給付《きゅうふ》」という制度が用意されています**（57ページ参照）。60歳以上65歳未満で5年以上雇用保険に加入していた人が、再就職後に60歳時と比べて75％未満の賃金月額になるなどの要件を満たすと、最大で定年後の賃金月額の15％の給付金が受け取れます。

ただし、この給付金と老齢厚生年金を同時に受給すると老齢厚生年金が減額される点は注意が必要です。これらの計算は複雑なので、ハローワークや年金事務所などに問い合わせてみましょう。

❖リバースモーゲージを使えば、老後資金を用意できる

自宅を担保に毎月お金を受け取る

自宅が年金代わりになるリバースモーゲージ

老後資金が不足しても、自宅があれば、**「リバースモーゲージ」**を使って、資金不足を補うことができます。

簡単に言えば、住宅を担保に融資を受け、毎月お金を受け取るしくみです。住宅ローンは住宅を担保に入れ、借りたお金を毎月返済しますが、リバースモーゲージは、**すでに保有する住宅を担保に融資を受けます。**

融資金を返済する必要はありません。死亡時などに担保となった住宅を処分して返済資金に充当するからです。このしくみを利用すれば、自宅を売却することなく老後資金を手当てできるのです。

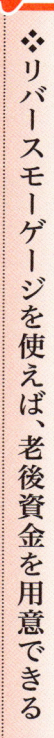

民間金融機関で扱うほか、**公的機関でも「不《ふ》動《どう》産《さん》担《たん》保《ぽ》型《がた》生《せい》活《かつ》資《し》金《きん》」として実施**されています。この制度では、居住用不動産の土地の評価額の70％程度を限度に、月30万円までの範囲で貸し付けてくれます。

自宅の不動産評価額が３０００万円であれば、融資限度額はその70％にあたる２１００万円が目安になります。なお、貸付金の利率は年利３％または長期プライムレートのいずれか低いほうです。

ただし、利用にあたっては、「金利上昇リスク」「不動産価格下落リスク」「長生きリスク」に留意する必要があります。

契約期間中に金利が予想以上に上昇すると、当初より借入残高が増加するため、予定より早く借入限度額に到達する可能性があるほか、契約者が長生きすれば、借入金限度額に達する「長生きリスク」もあります。また、契約期間中に不動産価値が下落して担保割れが生じると、その段階で融資はストップするので注意が必要です。

なお、土地付き一戸建てを対象にするものがほとんどで、分譲マンションを担保にできるのは一部です。金融機関によっては子どもとの同居を認めないなどの条件もあるので、利用時に内容をチェックしましょう。

リバースモーゲージのしくみ

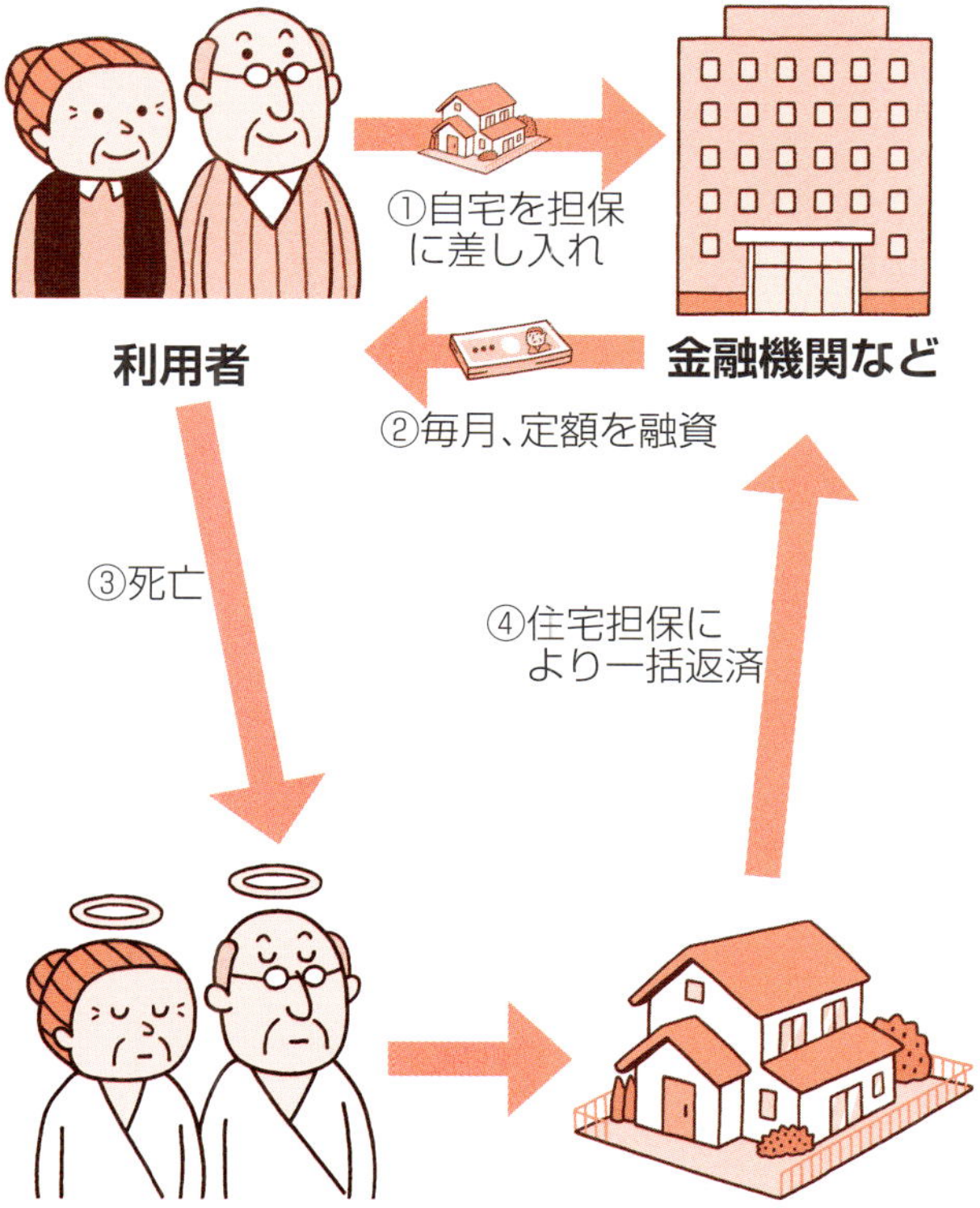

Point! 経済状況の変化で担保割れになる可能性もあるので、注意が必要！

❖実質2000円で日本全国の豪華な特産品がもらえる

「ふるさと納税」で節税し、記念品をもらう

所得税と住民税が控除される

老後資金の準備からは少し話がそれますが、**「ふるさと納税」**が注目を集めています。

ふるさと納税とは、ある自治体に寄付をすると、その自治体から地元ならではの返礼品が送られてくる制度です（記念品の贈呈がない自治体もあります）。

さらに、ふるさと納税には税金の優遇措置が設けられています。2000円以上寄付すると、住民税と所得税の控除の対象となり、寄付額から2000円を引いた額が税金から控除されます（控除を受けられる寄付金の額には上限があります）。

たとえば、1万円を寄付したら、8000円分が税金から控除されるので、**実質の負担は2000円**になります。

ふるさと納税のしくみ

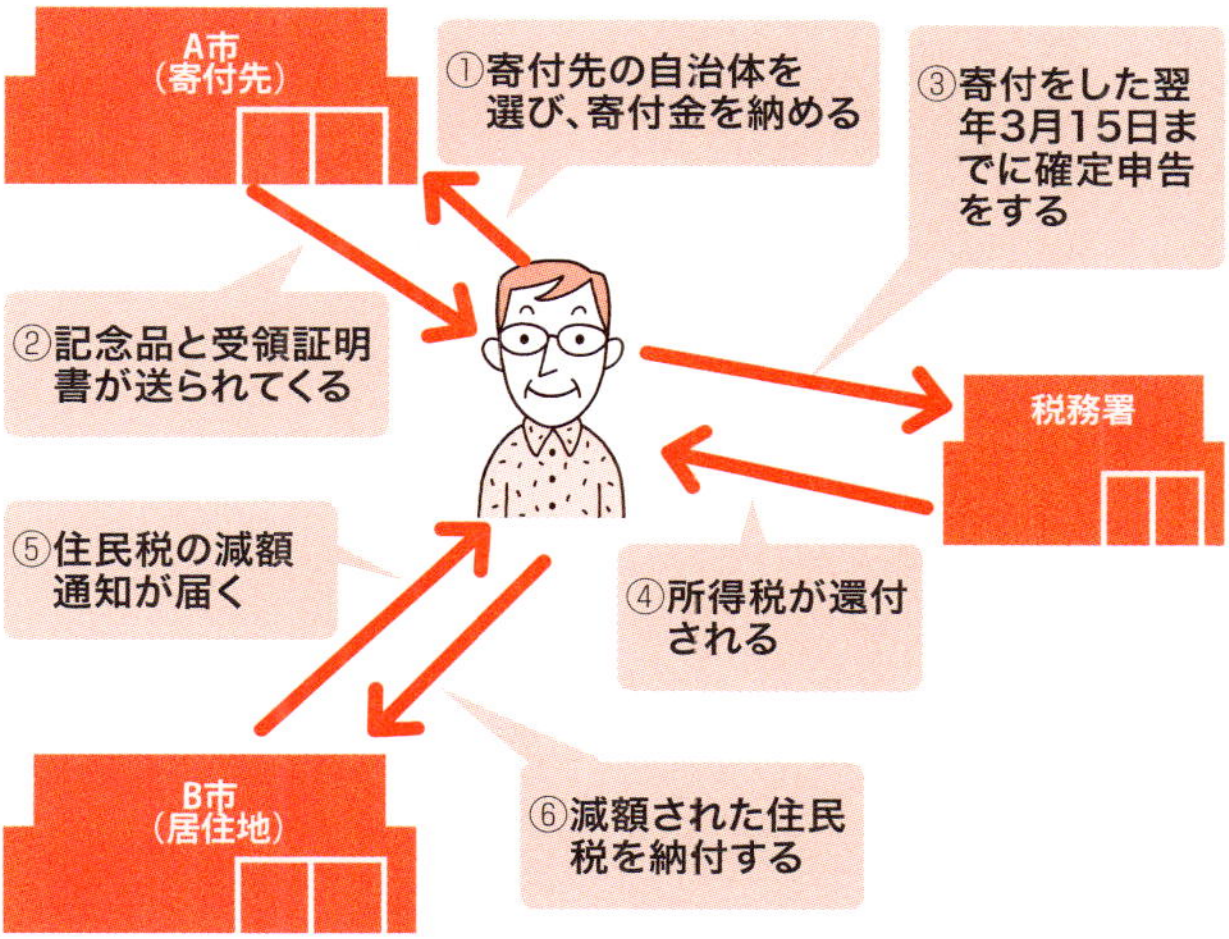
A市
(寄付先)
①寄付先の自治体を選び、寄付金を納める
③寄付をした翌年3月15日までに確定申告をする
②記念品と受領証明書が送られてくる
税務署
⑤住民税の減額通知が届く
④所得税が還付される
B市
(居住地)
⑥減額された住民税を納付する

自治体から送られてくる返礼品の多くは、その地方の特産品や工芸品などで、それらを実質2000円で入手できることから人気になっているわけです。

確定申告は必要か

ふるさと納税を利用した場合に控除される税金は、その年の所得税と翌年度の住民税になります。

以前はふるさと納税を行い、税金の控除を受ける場合、確定申告をしなければいけませんでした。

しかし、2015年度から「ワン

ストップ特例制度」がスタートしたことで、一定の条件を満たすと、確定申告をしなくても寄付金控除を受けられるようになりました。

この特例の利用は、会社員など給与所得者であること、寄付先の自治体が1年間で5つ以内であること、特例を受けるための申請書を提出することが条件となります。申請書は、寄付先の自治体から取り寄せるなどして提出します。なお、申請書にはマイナンバーの記入が必要です。

ただし、自営業者や相続・贈与や医療費控除などで確定申告が必要な人は、この特例の対象外です。「ワンストップ特例制度」を利用しない場合は、確定申告をして税金の控除を受けます。

ふるさと納税をすると、寄付をした自治体から受領証明書が届くので、これをもとに寄付をした翌年の3月15日までに確定申告をすれば、その年の所得税が控除され、還付されます。さらに、居住地の役所から翌年度の住民税の決定通知が届くので、翌年度は減額された住民税を納付することになります。

実質2,000円の負担で済む年間寄付額の上限の目安

年間収入	独身 または共働き	夫婦または共働き ＋子1人（高校生）
300万円	2万8,000円	1万9,000円
400万円	4万2,000円	3万3,000円
500万円	6万1,000円	4万9,000円
600万円	7万7,000円	6万9,000円
700万円	10万8,000円	8万6,000円
800万円	12万9,000円	12万円
900万円	15万1,000円	14万1,000円
1000万円	17万6,000円	16万6,000円

年間収入	共働き＋ 子1人（大学生）	夫婦＋子2人 （大学生と高校生）
300万円	1万5,000円	—
400万円	2万9,000円	1万2,000円
500万円	4万4,000円	2万8,000円
600万円	6万6,000円	4万3,000円
700万円	8万3,000円	6万6,000円
800万円	11万6,000円	8万5,000円
900万円	13万8,000円	11万9,000円
1000万円	16万3,000円	14万4,000円

※2019年8月現在の目安。　出典：総務省

❖投資は人によって向き不向きがある

定年後、投資をするか、しないかを考える

お金はお金を生んでくれるが資産運用はリスクがつきもの

定年後、まとまった額の退職金をもらっても「預貯金の金利は低い」と考える人が多いでしょう。一方で虎の子の老後資金ですから、「元本割れする商品」への投資は怖いと考える人も多いはずです。

すでに何度も述べているように、リターンを求めれば、リスクはつきものです。高金利で低リスクの商品はありません。

長生きすれば、その分お金がかかります。しかし、いつまで生きるかはだれにもわかりません。定年後、20年生きる想定で老後資金を試算して資金が足りていても、30年生きれば不足するかもしれません。

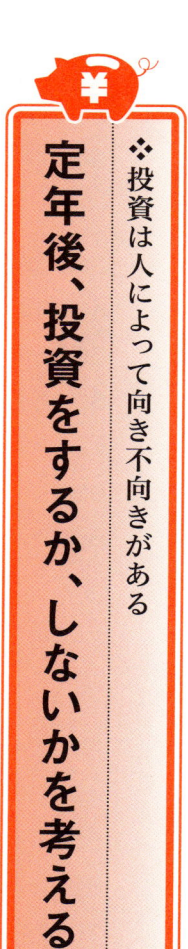

投資するか、しないかを考える

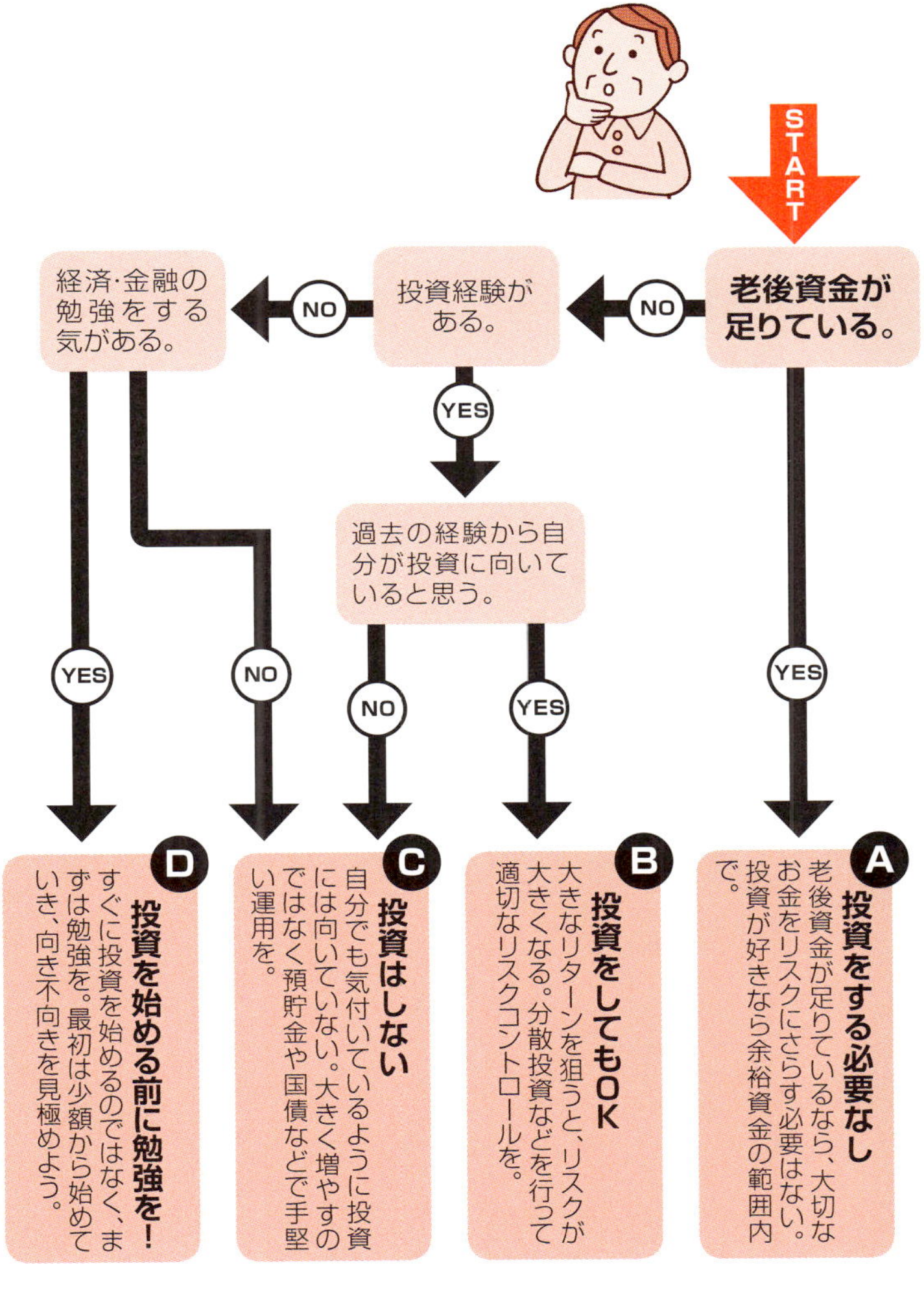
START
老後資金が足りている。
NO
投資経験がある。
NO
経済・金融の勉強をする気がある。
YES
YES
NO
過去の経験から自分が投資に向いていると思う。
NO
YES
YES
NO
YES
A
投資をする必要なし
老後資金が足りているなら、大切なお金をリスクにさらす必要はない。投資が好きなら余裕資金の範囲内で。
B
投資をしてもOK
大きなリターンを狙うと、リスクが大きくなる。分散投資などを行って適切なリスクコントロールを。
C
投資はしない
自分でも気付いているように投資には向いていない。大きく増やすのではなく預貯金や国債などで手堅い運用を。
D
投資を始める前に勉強を！
すぐに投資を始めるのではなく、まずは勉強を。最初は少額から始めていき、向き不向きを見極めよう。

一方で、お金は上手に利用すると、お金を生んでくれます。退職金をタンスに入れておいても増えませんが、定期預金にしておけば、低金利とはいえ少しは増えます。その点でもまとまった資金があるなら、自分のリスクに合った資産運用を行うのもいいでしょう。

あなたが損をしても金融機関は助けてくれない

若いときであれば多少の損をしても働けば挽回できますが、定期収入が減少する定年後は挽回が難しくなります。その点で適切にリスクを管理しながら投資する必要性は、現役世代に比べて大きくなります。

たとえば、退職金が銀行口座に入金されると、銀行や証券会社が電話や自宅訪問などで投資を勧誘してきます。しかし、そういった勧誘は、あなたの資産を増やしてあげたいと思っているからではありません。最大の目的は金融商品を売って、手数料収入を得ることです。そのあと、あなたが損しようと得しようと、彼らには関係ありません。損をして文句を言っても「投資は自己責任です」で終わりです。

証券会社や銀行などを無条件に「信用できる」と思っているなら、その考えは捨てたほう

個人投資家の証券保有状況（複数回答）

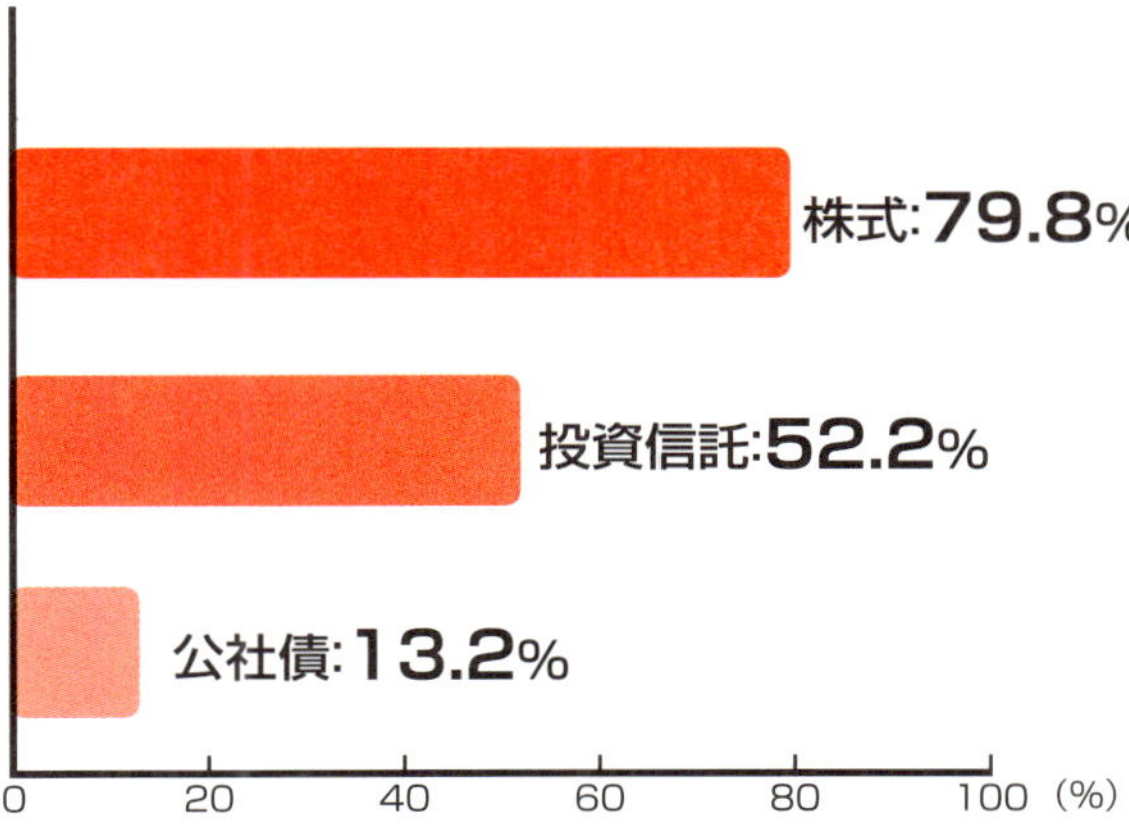

出典：日本証券業協会「個人投資家の証券投資に関する意識調査」平成30年

がいいでしょう。

　商品の内容がわからないまま、金融機関の言いなりになって退職金を投資した結果、大損したというのはよくある話です。投資商品の購入後に金融機関は「今が売りどきです」とは教えてくれません。**投資をするなら、その商品を理解し、その後の相場の動向などを勉強する姿勢が必要**です。

　基本的には、使わないまとまったお金は投資したほうがいいでしょう。しかし、投資は人によって向き不向きがあります。「投資に向いていない」と思うなら無理に投資をしないほうが無難です。

❖タンス預金で損する？　得する？

インフレ・デフレで資産の価値は変わる

定期収入が減少する老後は物価上昇率に注意

物価下落（デフレ）がいつ終わるのかという議論が長らく続いています。２０１３年以降、政府によって推し進められている経済政策では、物価上昇（インフレ）率を２％に設定しデフレ脱却を目指していますが、まだ目標には達していません。

定年後は定期収入が減少するからこそ、老後世代は物価上昇率により敏感になる必要があります。現役ならインフレとともに給料も上がりますが、定年を迎えると、その給料はないからです。専門家でも意見が分かれているように、今後、いつインフレになるか、デフレになるかはよくわからないのです。

デフレ、インフレで老後資金の価値は変わる

将来、インフレとデフレでどんな違いが起こるのか極端な例でみてみましょう。節約しながら老後資金5000万円を貯めたAさんがいます。定年後、いつでも使えるようにと、自宅の金庫に大切に保管していました。

デフレから脱却した日本経済は、年率10％のインフレになりました。つまり、毎年物価が1・1倍になる計算です。この状態が10年続くと、物価は約2・59倍になります。100円だったジュースは259円に、1万円だった洋服は2万5900円になるわけです。

その間に現役世代の給料も上昇しましたが、Aさんは老後資金を取り崩しての生活です。定年時には長く続いたデフレ時代の感覚から物価上昇を想定していませんでした。そして10年経ってから「老後資金が足りない」ことに気付きました。

一方、インフレ率がマイナス10％、つまり毎年物価が10％ずつ下がるデフレになった場合は、10年後の物価は約3分の1になります。100円のジュースは約35円になるわけです。この場合、Aさんの老後資金は予想以上の余裕ができることになります。

インフレかデフレかで老後の資金計画は変わる

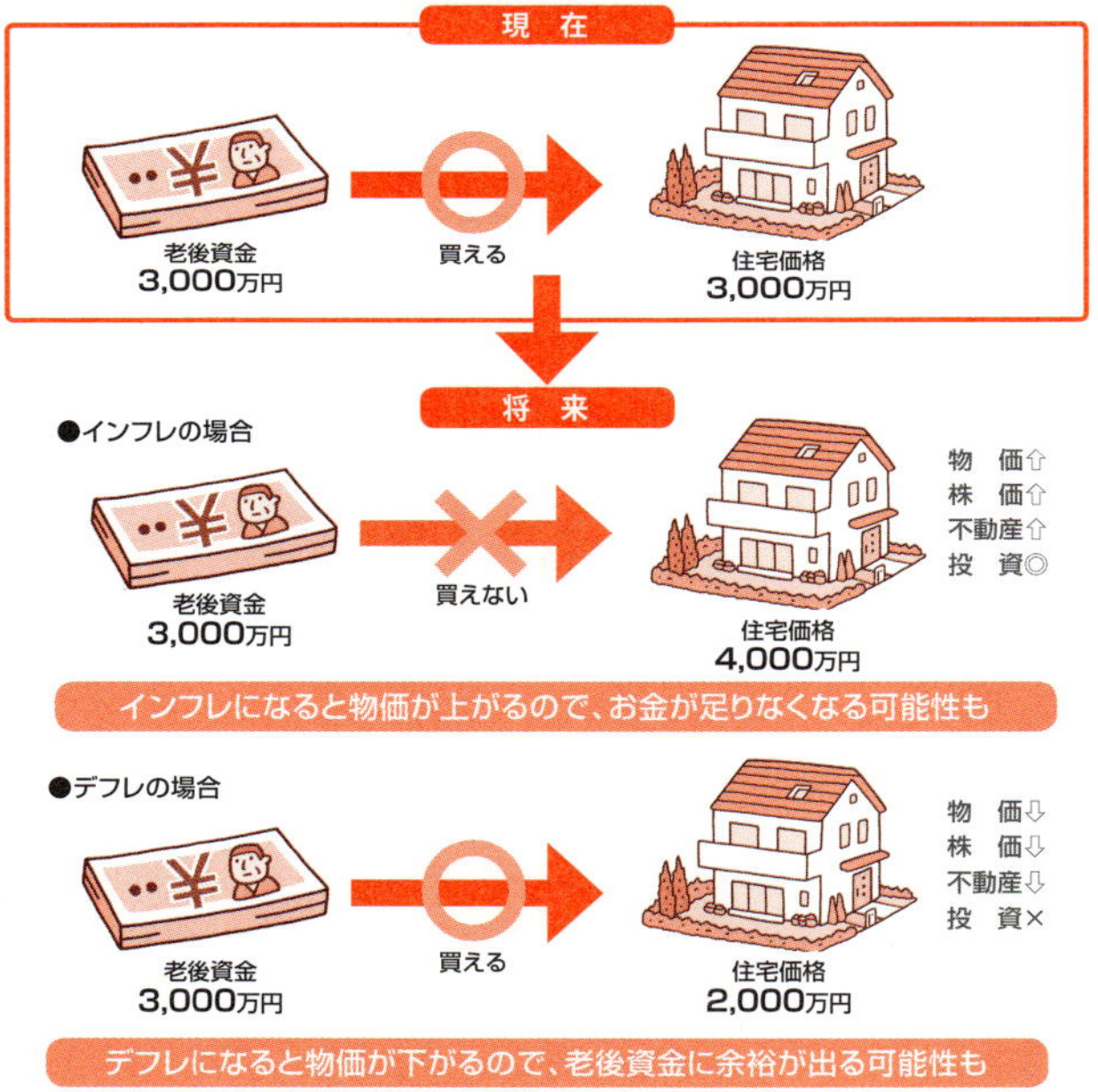

かつてのような物価が上がり続ける感覚を忘れがちですが、**同額の老後資金でも今後の経済動向によって大きな差が生まれる可能性がある**ことは想定するべきです。

老後世代は経済状況の変化に対応する方法が限られます。老後がインフレ、デフレのどちらになるかを予想するのではなく、そのときどきの経済情勢に応じて、対応する心がまえが必要です。

❖リスクとリターンの関係をしっかり理解しましょう

知っておくべき投資の基本の「き」

投資商品といってもリスク&リターンはさまざま

「貯蓄」と「投資」の端的な違いは、元本保証の有無にあります。貯蓄は元本保証がありますが、大きなリターンは望めません。投資商品には元本保証はありませんが、大きなリターンを期待できます。

投資対象によってリスク・リターンは異なりますが、その関係性を表すと195ページの図のようになります。

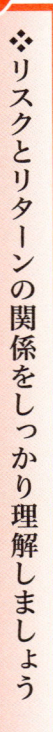

より大きなリターンが期待できるほどリスクは大きくなるので、**リスクをコントロールしながら投資する姿勢が大切**です。

そのリスクコントロールの代表的な方法が**「分散投資《ぶんさんとうし》」**という考え方です。投資対象の分

分散投資でリスクを低減する

銘柄の分散

同じ業界の銘柄に分散投資した場合、業界全体が不調になると総崩れになる場合がある。それを避けるため輸出企業と内需企業といったように、値動きが異なる銘柄に分散投資する。

資産の分散

株式と国債、REITといったように異なる金融商品に分散投資することでリスクを低減する。たとえば、株式と株式投資信託に分散投資しても効果はあまり期待できない。

地域の分散

日本だけでなく、米国や欧州、アジアなど諸外国を対象にした商品に分散投資する。そうすることで、ある国が不調でも好調な国があれば、マイナスを打ち消す効果が期待できる。

時間の分散

将来の値動きはわからない。安いと思って買ってもその後下落が続くことがある。一度に購入するのではなく、時間をずらして投資すれば、大きな損失を避けられる。

散はもちろんですが、投資するタイミングの分散などを組み合わせてリスクの低減を目指します。

たとえば、株式投資をする際に複数銘柄に分散投資すると、銘柄Aが下がっても、銘柄Bが上がるといったように、ポートフォリオ全体の値動きはマイルドになります。

国内株式と外国株式、国債を組み合わせて買う「資産の分散」や、時間をずらして買う「時間の分散」も分散投資の方法です。同じような値動きのものを組み

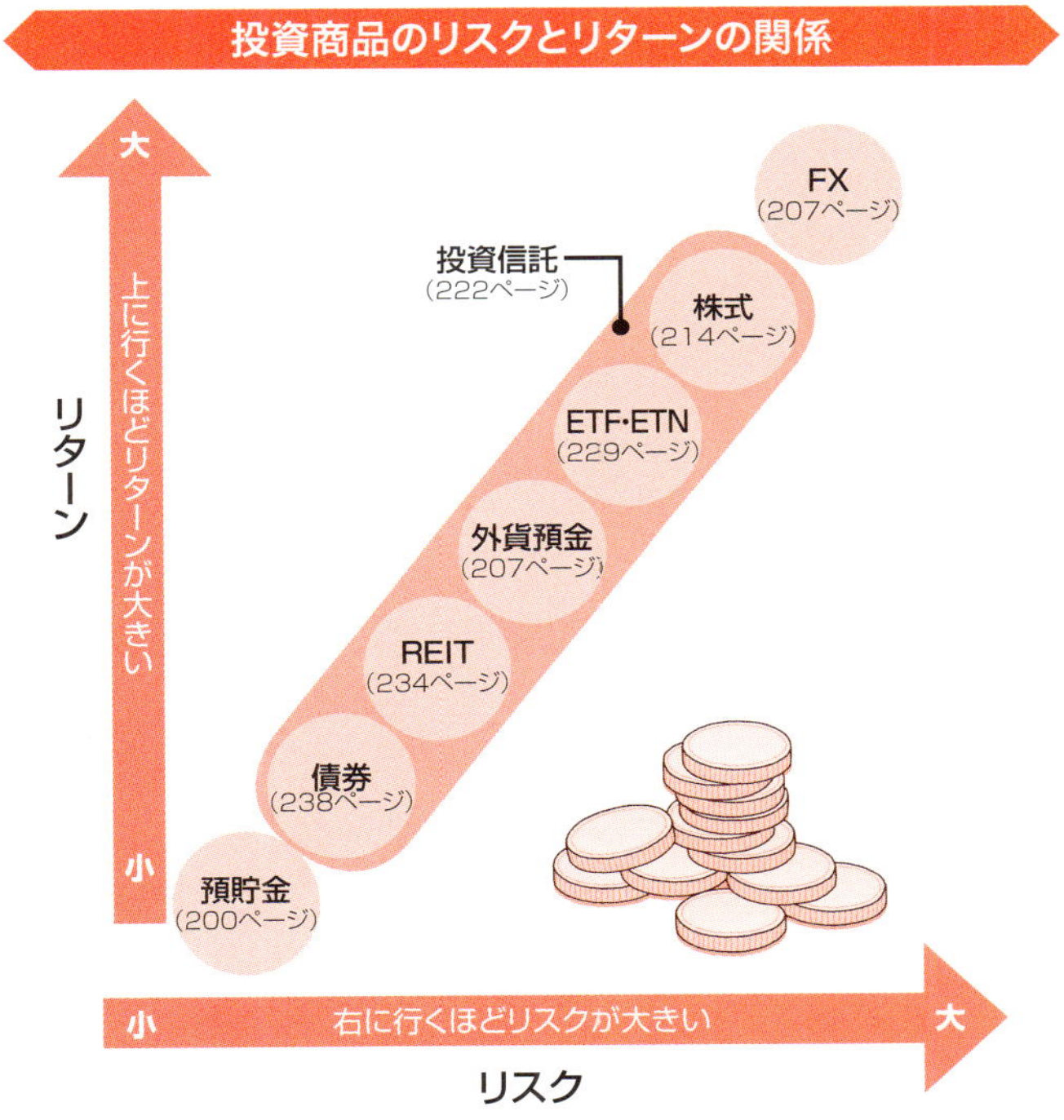

Point!

投資にローリスク・ハイリターンの商品はありません。それぞれの商品のリスクをしっかり把握することが大切です。

合わせても無意味なので、各金融商品の値動きのしくみなどを勉強する必要があります。

投資をするときは自分なりのルールを決める

実際に**取引をする際は、自分なりのルールを決めることが重要**です。

たとえば、「10%下がったら損失拡大を防ぐため売る」「10%上がったら利益を確定する」などとルールを決めておきます。ルールがないばかりに、価格が下落しても「すぐに上がるに違いない」と根拠のない希望的観測のもと損失を拡大させる人が多いのです。言うは易しで実際に行うのは難しいのですが、これができないと致命的なレベルまで損失が膨らんでしまいます。

投資は実現性の高いほうに賭ける「ギャンブル」のような側面があることも念頭に置き、リスクを減らしながら増やすことを考えるようにしましょう

❖税金が優遇される制度を上手に使おう

「iDeCo」と「つみたてNISA」って何？

税制優遇制度を利用しよう

老後の資産作りの方法として、現在注目されているのが**「つみたてNISA」**と**「iDeCo」**です。つみたてNISA（積立型少額投資非課税制度）は、一定の投資額に対しての運用益が非課税になるという税制優遇制度で、毎月100円以上（証券会社によって最低積立額は異なる）積み立てて運用を行います。

iDeCo（個人型確定拠出年金）とは、公的年金や企業年金の不足分を補う「じぶん年金」と呼ばれるもので、投資の一種です。自分自身が選んだ投資信託や定期預金などに、公的年金の保険料にあたる「掛け金」を毎月5000円以上、1000円単位で積み立てていきます。**運用益は非課税になり、掛け金が所得控除される**といったメリットがあります。i

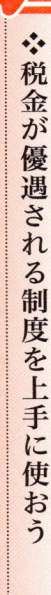

DeCoで積み立てた資金は、60歳以降に受け取ることになります。逆にいえば、**60歳になるまで資金を引き出すことはできません。**

iDeCoとつみたてNISAはどちらも専用口座を開設し、その口座内で資産運用することで税制優遇を受けられます。通常、投資による利益を得たら20・315％（所得税及び復興特別税15・315％、住民税5％）を納付しますが（給与所得以外の利益が20万円超の場合）、**つみたてNISAやiDeCoは、利益を上げても非課税**になります。

それぞれのメリット・デメリットを把握しよう

iDeCoの場合、掛け金の所得控除や60歳以降に受け取るときにかかる税金の控除を受けることができるので、税制優遇面で優れています。

ただし、原則として60歳になるまで運用したお金を引き出すことはできないため、途中で受け取れないということを念頭において投資金額を考えていきましょう。**つみたてNISAは途中で運用したお金を引き出すことはできます**が、税制優遇面ではiDeCoに劣ります。

iDeCoとつみたてNISAのどちらがいいかは一概にいえません。それぞれのメリッ

iDeCoとつみたてNISAの比較

	iDeCo	つみたてNISA
年間投資限度額	14万4,000円～81万6000円	40万円
運用可能期間	加入から60歳まで（10年間延長可能）	20年
投資できる商品	一部の投資信託･定期預金･保険	一部の投資信託
売買方式	自動積立	自動積立
途中での換金･引き出し	60歳満期まで原則不可	可能
途中解約	途中解約は不可	途中解約できる

ト・デメリットを比較したうえで、判断しましょう。

ちなみに、つみたてNISAは非課税期間が20年と長く、iDeCoも60歳になるまで(10年間延長可能)なので、どちらも長期投資には向いており、老後の資産作りという観点からは有効な投資方法といえます。

また、iDeCoとつみたてNISAは自動積み立てができるので、手を煩わせずに時間分散投資ができる点も魅力です。

❖大切なお金の預け先の大本命

元本保証で安心感「預貯金」

金利の高さは重要だがそれだけでは見落とすものがある

老後資金の運用先として、まず考えるのが銀行や郵便局で取り扱う「預貯金」でしょう。金融広報中央委員会によると、日本の二人以上の世帯で金融資産の54・8％を預貯金として保有しています（２０１８年）。

最大の特徴は「元本《がんぽん》保証《ほしょう》」で、最も安全性が高い金融商品といえます。たとえ、預け先の金融機関が経営破綻しても**預金保険制度（ペイオフ）**により「元本１０００万円＋その利子」までは保護されますが、万が一のときのために、元本が１０００万円を超える場合は、複数の銀行に預けるようにしなければいけません。また、すぐに現金を引き出せる「流動性」の高さも特徴です。

ところで、「預貯金」とは、「預金」と「貯金」をまとめた言葉ですが、「預金」は都市銀行、地方銀行、信用金庫、信用組合などに預けるもの。一方の「貯金」は郵便局、農業協同組合（農協）、漁業協同組合（漁協）に預けるものです。また、普通預金のように出し入れが自由な「流動性預貯金」と、定期預金などの預け入れ期間の定めがある「定期性預貯金」の大きく2つに分かれます。

普通預金（通常貯金）は、財布代わりの預貯金で、支払いや受け取りなど日々の資金のやり取りに使われます。ATMから引き出せるのも特徴です。

一方の定期預金（定期貯金）は、預け入れ期間を決めて預ける預貯金で、流動性が制限される一方、普通預金と比べて金利は高くなっています。

定期預金の鉄則は高金利時は長く、低金利時は短く預けることです。10年満期の定期預金に預けても、半年、1年後に金利が上昇すれば、低い金利のまま預け続けなければいけなくなってしまうからです。

また、預貯金にはインフレとデフレも少なからず影響を与えます。インフレになり物価が上昇すれば現金の価値が実質的に下がります。そうなると預貯金に預けたお金の価値は下がってしまいます。この場合は預貯金の金利も上昇しますが、基本的に預貯金の金利はインフレ率を上回りません。

逆に、いくら金利が低くてもデフレで物価が下がっているなら、現金の実質的な価値は上がっていることになります。

預貯金は元本は保証されますが、金利だけでなくインフレ率（物価上昇率）などを見る習慣もつけたいものです。

お金を預けるときに気にしたい安全性と利便性　「銀行」VS「郵便局」

2007年10月の郵政民営化以前は、郵便貯金は政府保証がありましたが、民営化後に預け入れた貯金に関しては、民間金融機関と同様に預金保険制度による「元本1000万円までとその利息」までしか保護されません。

しかし、**郵政民営化以前から貯金していた定額性の郵便貯金（定期郵便貯金など）に預けている場合は、満期になるまで政府保証が継続する**点では安心です。

老後を考えると、安全性のほかに店舗の立地も大事です。老後資金を託した銀行店舗がなくなったら一大事です。近くにコンビニがあるなら、セブン銀行などのネット専業銀行に口座を開くのも手です。一般の銀行や郵便局のように職員はいませんが、条件を満たせば、手数料がかからずにお金を出し入れできるので便利です。目的に合わせて上手に使い分けましょう。

海外の銀行に預けても大丈夫？「邦銀」VS「外銀」

邦銀とは国内資本の銀行のこと。3大メガバンクのほか地方銀行やネット銀行など、そのほとんどが該当します。対する外銀とは、いわゆる外資系銀行のことです。どちらも全面的には信頼できませんが、とくに**日本に支店を出しているだけの外銀は要注意**です。

なぜなら、ビジネスとして旨みがないと判断すれば、日本から撤退することがあるからです。世界的に有名なHSBC（香港上海銀行）は「金融資産1000万円以上」の富裕顧客を対象に個人向けのサービスを提供していましたが、2012年にわずか4年で撤退しました。また、2014年8月にシティバンク銀行が撤退を発表したのも記憶に新しいところでしょう。

シティバンク銀行の撤退により、日本に支店を置く馴染みのある外銀はなくなりましたが、日本に支店を置く外銀自体はまだあります。

しかし、たとえばクレディ・スイスのように、億単位の資産を持っている富裕層でないと利用できなかったり、個人向けのサービスを行っていなかったりと、大多数の庶民にとっては、外銀と取引するメリットはほとんどありません。今後、再び個人向けのサービスを行う外銀が現れないとも限りません。富裕な高齢者向けのサービスを展開することも考えられます。しかし、そうしたサービスは邦銀でも行っています。

また、**外銀の在日支店は預金保険制度の対象外であり、ペイオフの保証を受けられません。**地元密着の邦銀のほうが親切な傾向もありますし、邦銀を選んだほうがいいでしょう。

ネット銀行のメリットは？　「ネット銀行」VS「有店舗銀行」

ネット銀行は、店舗や自行専用のＡＴＭコーナーを持たず、インターネットでのやり取りだけで取引が完結する銀行です。人件費や家賃などのコストがかからない分、一般に預金金利は高めです。

対する有店舗銀行とは店舗を持つ銀行です。コストがかかる分、一般に預金金利は低めです。有店舗銀行でもインターネットバンキングは当たり前になっており、これを使えば、振込手数料が窓口やＡＴＭより安くなるなどメリットがあります。

預金金利の高さや、振込手数料の安さだけで比べるなら、ネット銀行に軍配が上がりますが、大きな差がつくかとなると、やや疑問です。高めの預金金利といっても、１００万円程度の額ではそれほど大きな差にならず、振込手数料にしても月に何十回も振り込む人はいないでしょう。

それよりも、**お財布代わりに使う銀行で重要なのはＡＴＭ手数料**です。２０１４年４月１日の消費税増税に合わせ、メガバンクはＡＴＭ手数料を引き上げました。２０１９年10月には消費税が10％に引き上げられる予定ですが、おそらくメガバンクはこのときもＡＴＭ手数料を引き上げると考えられます。また、日銀のマイナス金利政策が続いており、銀行がＡＴＭ手数料をさらに引き上げる可能性もゼロではありません。

１００万円を1年間定期預金に預けても1回のＡＴＭ手数料ほどの金利しかつかない以上、お財布代わりに使う銀行のＡＴＭ手数料はなるべく削減したいものです。

その点で、有店舗銀行よりも手数料が安い傾向にあるネット銀行を使うメリットは大きいといえます。ただし、店舗に行って相談することができないのは不安です。

どちらも一長一短があるので、その特性を知って、上手に使い分けましょう。

銀行と取引するならどっちがいい？「メイン集中」VS「分散取引」

銀行は預金残高などに応じて顧客に対し、ＡＴＭ手数料を無料にするなどの優遇を与えるのが一般的ですが、優遇内容は縮小傾向です。無理してひとつの銀行に取引をまとめる必然性は小さくなっています。ＡＴＭ手数料を安くしたいならネット銀行を上手に使うほうが簡単です。

一方で、メガバンクや信託銀行は、「１０００万円以上」など一定額以上の預かり残高がある人を対象に、「ワンランク上のサービス」などと銘打ち、預金金利上乗せのほか多彩な特典がある会員制サービスを提供しています。ただし、**１０００万円以上の預金をひとつの銀行に預けると、ペイオフ保護対象外になる**点には留意する必要があります。銀行は金持ちでない人には厳しくする姿勢を強めています。数百万円程度の預金では上客とは思ってくれないということです。

❖預金といっても為替変動があるのでリスクは大きい

預金でも元本保証なし「外貨預金」

手数料と為替リスクで預金といえどもリスクは高い

米国の「ドル」やEU圏の「ユーロ」など、外国の通貨で預金するのが**「外貨預金《がいかよきん》」**です。預ける通貨が変わるだけで「円預金」と基本的なしくみはほぼ同じですが、円預金と外貨預金の大きな違いは3つあります。

1つは**日本円→外貨、外貨→日本円に交換する際、為替《かわせ》手数料がかかる**ことです。米ドルなら1米ドルにつき9銭～1円の為替手数料がかかります。

たとえば、為替レートが1米ドル＝100円で、1米ドルにつき1円の為替手数料がかかるなら、1米ドル＝101円で購入して預け入れます。逆に米ドル預金を解約して日本円にする場合は、1米ドル＝99円で売却できます。つまり、為替変動がなくても為替手数料分の損失が必ず発生します。

２つめは、**外貨預金は為替リスクがともなうため元本保証がない**点です。預金ですから、外貨ベースの元本は保証されています。

しかし、私たち日本人は外貨を日本円に換える必要があります。為替レートは絶えず変動しますから、その変動によって損得が出てきます。

具体的には預け入れ時の為替レートよりも**円高になれば損失、円安になれば利益**が発生します。外貨は、外貨が安い（つまり円高）ときに買って、外貨が高い（つまり円安）ときに売るのが鉄則です。

たとえば１米ドル＝１００円で預け、１１０円のときに日本円に戻せば10円の利益を得、逆に90円のときに日本円に戻せば10円の損をしてしまいます。

３つめの違いは金利です。２０１９年８月現在、日本円の預金金利は世界最低水準です。一方、米ドルなら1年もの定期預金２・０％くらい、南アフリカランドにいたっては金融機関によっては６％以上と高い金利で預けることが可能です。「６％超の金利」と聞くと、すぐにでも預けたくなるかもしれませんが、注意が必要です。

円高になれば、あっという間に金利分以上の損失が出てしまいます。また、「６％の高金

外貨預金のしくみ

100万円を米ドルで1年間定期預金（年0.300％）に預け入れた場合

預け入れ時

1米ドル＝100円、
為替手数料1円の場合

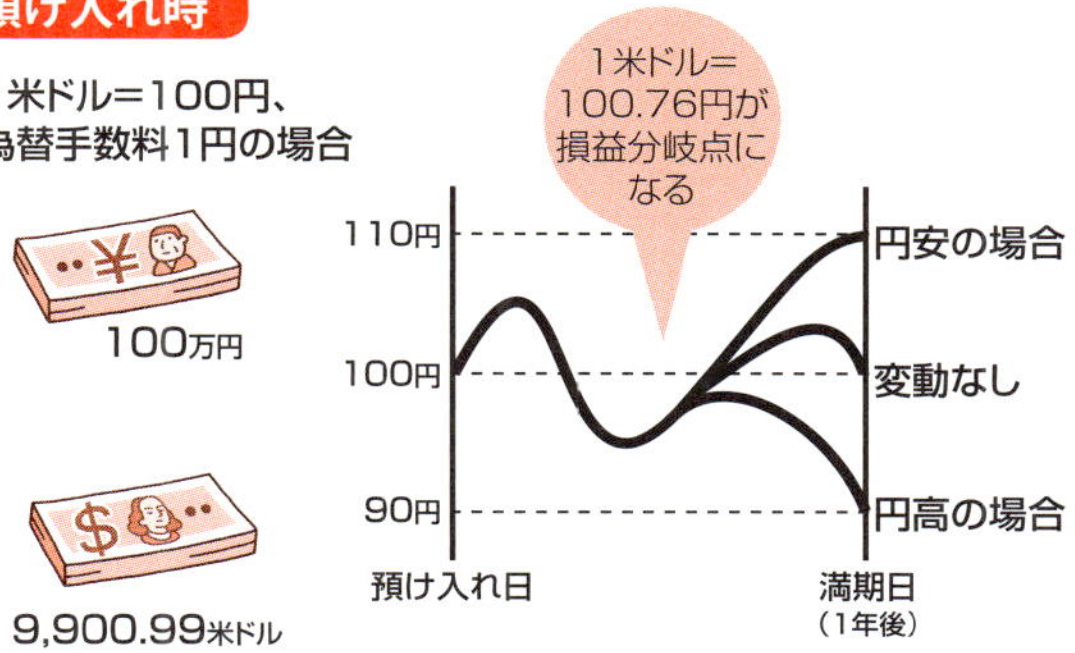

満期時

日本円にすると……

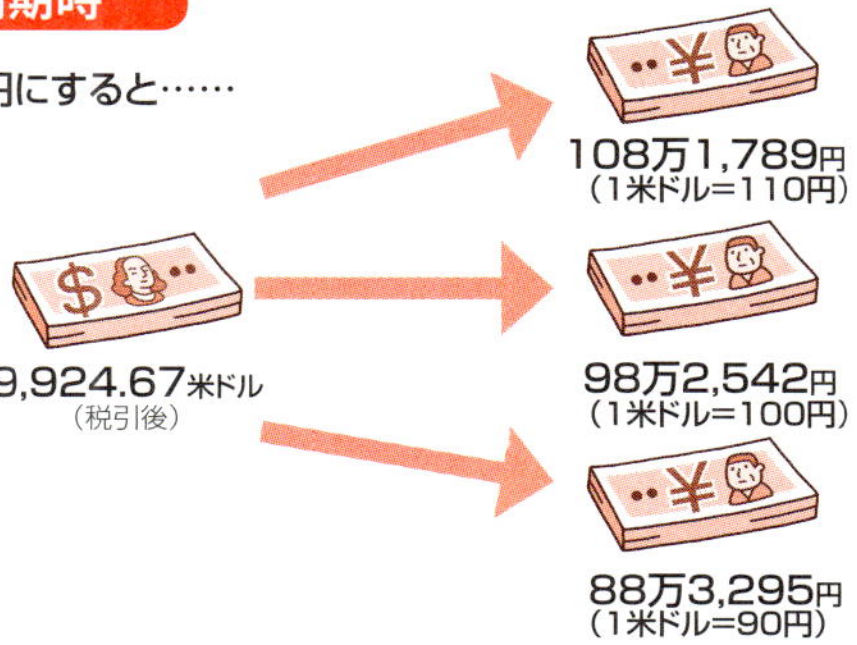

Point! 外貨預金は利息が付くものの、満期時に円安にならないと損をする可能性大！

利（ハイリターン）」は、すなわちリスクも高いことを意味します。ここでもハイリスク・ハイリターンの法則を忘れてはいけません。

外貨預金は「預金」ではなく、外貨を安く買って、高く売る金融商品と考えたほうが、その実態に近いといっていいでしょう。

なお、**外貨預金は預金保険制度の対象ではない**点に留意してください。

高金利の外貨預金は儲かるってホント？　「高金利の外貨」VS「低金利の外貨」

細かい説明は省略しますが、一般的に金利が高い通貨は、為替リスクが高いといえます。そうでなければ、高金利通貨で外貨預金をした全員が大儲けできますが、実際にはそんなことはありません。

外貨預金では日本円に対して「高くなる」通貨を選ぶのが基本です。外貨預金では高金利の通貨が注目を集めますが、低金利の通貨が日本円に対して約20％上昇する一方で、高金利の通貨が横ばいというチャートアクションをした場合、高金利通貨に比べ、低金利通貨のほうが金利分を合わせてもはるかに大きい利益を手にできることになります。見た目の金利の高低だけでは判断できないということです。

為替相場は専門家でも予測が難しい分野です。退職金などのまとまったお金を元本保証のない外貨預金で運用するのは危険です。現在の為替水準が円高か円安かもわからないのに、「金利が高い」という理由だけで外貨預金を始めれば、それは預金という名の丁半博打になってしまいます。

ＦＸは少ない資金で大きく儲けられるというけど…「ＦＸ」VS「外貨預金」

ＦＸ（外国為替保証金取引）が人気です。その理由は少ない資金で大きな利益を得られる点にあります。わずか数万円から1億円を超える利益を稼ぐ人が実際にいることもあり、足りない老後資金をＦＸで一気に稼ごうと考える人もいるようです。

たとえば、1万米ドルの取引をする場合、外貨資金であれば1万米ドル相当の日本円が必要ですが、ＦＸなら400米ドル相当の日本円で取引ができます。

このように少ない資金で大きな資金を動かす取引を**レバレッジ取引**といい、ＦＸでは最大25倍の取引が可能です。

レバレッジ取引はハイリスク・ハイリターン

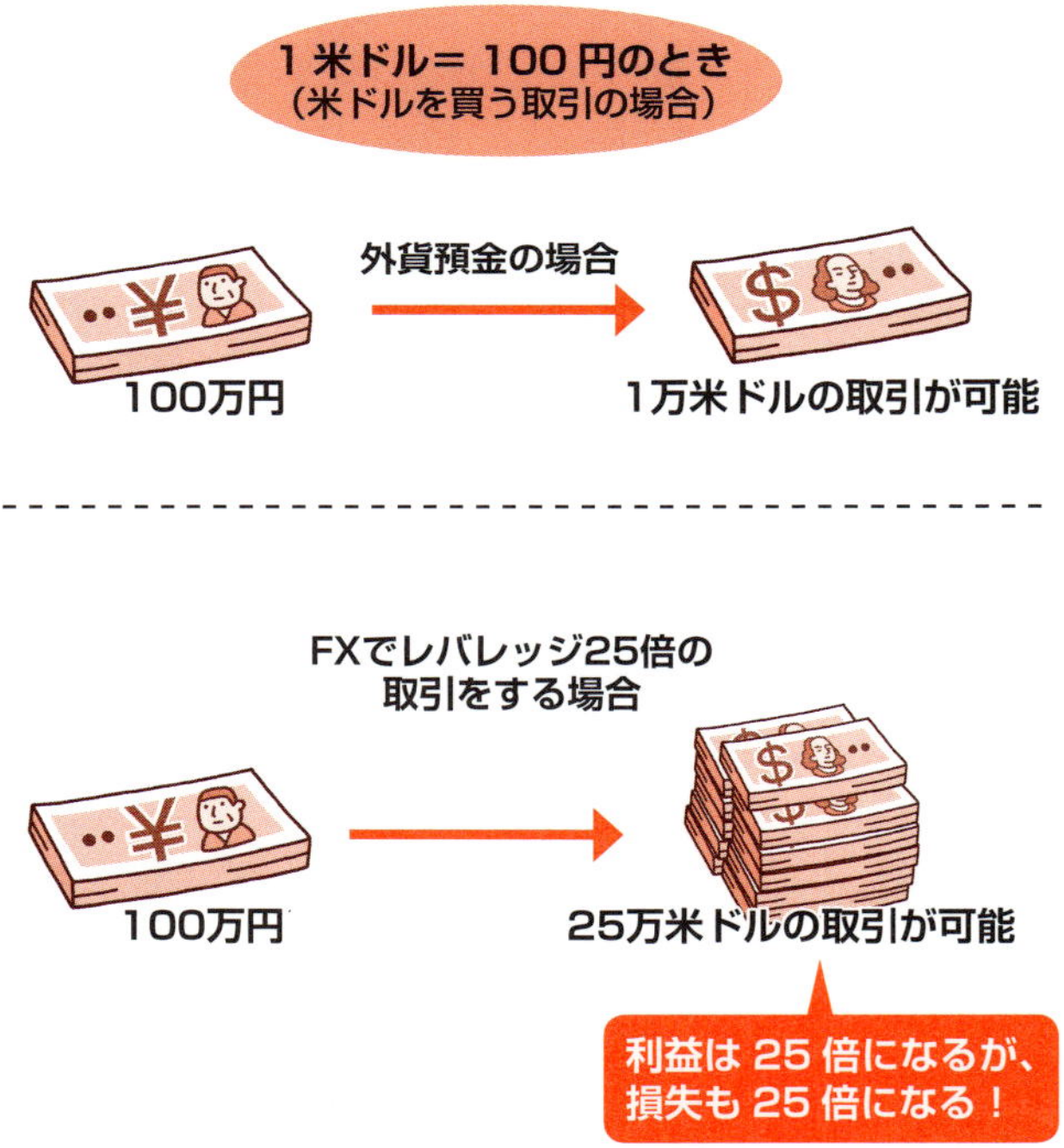

Point! FXでレバレッジ倍率が高い取引をすると、利益も大きいが損失も大きくなる。為替相場が反対方向に急変すると、自己資金を上回る損失が出る可能性があるので、危険度は高い。

たとえば、1米ドル＝100円のときに外貨預金で1万米ドル、FXで25万米ドルを取引する場合、いずれも元手は100万円です（計算を簡単にするため手数料は考慮していません）。

その後、円安になり1米ドル＝101円で売却すると、外貨預金は1万円、FXは25万円の利益が出ます。同じ資金量でもFXは外貨預金の25倍の利益を得られるのです。逆に1米ドル＝99円になれば、外貨預金は1万円、FXは25万円の損失になります。

このように**超ハイリスク・ハイリターン**なので、老後資金をFXに投じるのは、かなり危険と言わざるをえません。

❖最悪の場合は紙くずになるが、リターンも大きい

資産運用の代表格「株式投資」

「売却益」と「配当金」で利益を目指すのが株式投資

「株式投資」は、資金を大きく増やせる投資商品の代表格。場合によっては、投資した額の数倍のリターンになることもあります。一方、値下がりすれば損失を出す可能性があり、その企業が倒産をすれば株式が無価値になることもある**ハイリスク・ハイリターンの投資商品**です。

万が一、老後資金で大きな損失を出せば、その後の生活設計が大きく崩れます。生活に支障が出る事態を避けるためにも、投資経験がない人が始めるなら、最初から大きな額で投資するのは避けたほうが無難です。

株式投資でお金を増やす方法は2つあります。

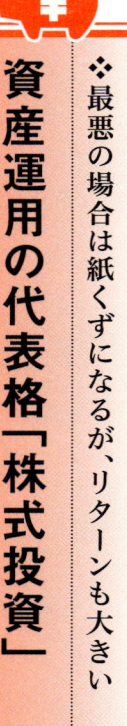

株式投資の3つの魅力

売却益
株式を安く買い、高く売って得られる利益。ただし、売却時に値下がりしていれば大きな損失を生むことも。

配当金
企業は利益が出ると、その一部を株主に現金で分配することがある。企業の利益の増減によって配当金も増減する。

株主優待
企業によっては商品券や食料品などを「株主優待」として株主に贈る場合がある。その金額を換算して投資金額で割ると10%超の利回りになることも。

1つは、**株式を安いときに買って、高いときに売ることで「売却益《ばいきゃくえき》（キャピタルゲイン）」**を得る方法です。逆に売却時の価格が購入時より安くなっていれば、「売却損（キャピタルロス）」が発生します。

もう1つは、**「配当金《はいとうきん》（インカムゲイン）」**を得る方法です。

株式を購入して株主になると、配当金を受け取る権利を得ます。年1～2回で支払われるのが一般的ですが、業績が悪い企業や、あえて配当金を出さずに投資に回す会社などもあり、すべての企業が配当を出すわけではありません。

このほかにも**「株主優待《かぶぬしゆうたい》」**を実施する企業もあります。一定の株数を保有する株主に対して、自社製品や金券などを贈る制度です。

牛丼チェーンを展開する吉野家ホールディングスは、100株以上持つ株主に対し、年2回（2月・8月）、吉野家をはじめとするグループ会社で使える3000円相当の食事券を贈っています。

一方、トヨタ自動車のように株主優待制度がない企業もあります。気になる企業のサイトのIR（投資家向け広報）ページなどで株主優待の有無を確認しましょう。

株式投資はインフレ対策になるか？

株式はインフレに強いといわれています。長く続くデフレが終われば、物価が上昇し、賃金も上昇し、企業の業績もよくなります。物価の上昇にともなって株価が上昇すると考えられるからです。

定期収入が少なくなると、インフレで現金の価値が低下することは痛手です。預貯金、現金はインフレには弱い資産ですから、株式投資でインフレヘッジをするという考え方もできます。

投資未経験者でも始められる株式投資はある？　「単元未満株」VS「単位株」

株式は銘柄によって最小取引株数（単元《たんげん》）が決まっています。もし株価が1200円で単元が100株なら、最低売買金額は12万円です。

一方、単元未満でも売買できるのが、**単元の10分の1から取引できる「ミニ株」、1株単位から投資できる「単元未満株（S株、プチ株など証券会社によって名称は異なる）」**です。

これらは少額で投資できるのが利点ですが、売買手数料は割高で、証券会社によって取扱銘柄が異なります。

投資初心者はまずは少ない投資額で取引できる単元未満株から始めるのもひとつの手です。

初心者が株式売買するなら、どんな銘柄がいい？　「大型株」VS「小型株」

東京証券取引所では、時価総額と流動性が高い上位100銘柄を「大型株」、同上位400銘柄を「中型株」、それ以外を「小型株」と定義しています。

東京証券取引所による大型株、中型株、小型株の分類

大型株	時価総額と流動性が高い上位100銘柄
中型株	大型株に次いで時価総額と流動性が高い上位400銘柄
小型株	大型株と中型株に含まれない全銘柄

従来、東証は上場株式数によって分類していたが、2005年から上の表の基準で分類するようになった。

大型株にはトヨタ自動車や日立製作所などの日本を代表する銘柄が並びます。大型株は一般的に小型株より値動きは激しくありません。

一方、小型株は大型株より激しい値動きをします。短期間で大きな利益を狙う人は、値動きの激しい小型株が向きますが、老後の資産形成という観点では、大型株に軸足を置いたほうがよいでしょう。

好景気が持続する状況では、優良大型株は長いスパンでゆっくりと上昇する傾向があります。もっとも小型株、大型株、どちらも例外はあるので、銘柄研究をして、自己責任で投資するこ

とが大切です。

外国株は買える？　「日本株」VS「外国株」

外国株とは、海外の企業が発行する株式のことです。「株式投資＝日本株」となりがちですが、世界には多くの優良企業があります。しかし、アップル（米）やサムスン電子（韓）は、日本で上場していないため、日本株のように取引できません。

ところが近年は、ネット証券を中心に外国株の取り扱いが増え、米国や中国のほかASEAN諸国の株も取引できるのです。

外国株への投資のメリットは「地域の分散」が図れる点ですが、日本株にはない為替リスクがともないます。企業情報が少なかったり入手しづらかったりするので、投資初心者にとってはハードルが高いといえます。とくに新興国株は、先進国株に比べて値動きが大きいので注意が必要です。

それでも地域の分散を考えるなら、プロが投資銘柄を選定する外国株型の投資信託を購入するのはひとつの手です。国別、地域別の全世界に投資するものなどバリエーションは豊富です。

信用取引のほうが大きい利益を狙える？「現物取引」VS「信用取引」

現物取引とは通常の株取引のこと。対する**「信用取引」は、現金や所有株を担保に証券会社が担保価値の最大約3・3倍を融資してくれるしくみ**です。証券会社からお金を借りて株式を買う（信用買い）だけでなく、証券会社から株式を借りて、その株を売り（信用売り）、のちほど買い戻して返す取引が可能です。

現物取引では、株価が上がっていないと利益は出ませんが、**信用売りなら株価が下がっても利益を出すことができます。**ただし、信用買いでは「金利」、信用売りでは「貸株料」がかかります。

また、相場の状況によっては追加委託保証金《ついかいたくほしょうきん》（追証《おいしょう》）が発生するので注意が必要です。追証とは、証券会社に担保として差し入れる委託保証金が不足したときに、追加で差し入れる担保のことです。

各証券会社では委託保証金率（＝委託保証金÷約定金額×１００）の最低ライン（20％の場合が多い）を設定しており、これを割り込むと追証を求められます。

たとえば、30万円の資金を担保に銘柄Ａを株価１００円×１万株＝１００万円を信用買いしたとします。その後、株価が25円下落して75円になった場合、「25円×１万株＝25万円」の含み損が発生し、保証金は５万円に減少します。このとき、株式時価は75万円になり、それに対する委託保証金率は６・７％（５万円÷75万円×１００）なので、20％を上回るまで追証を差し出さないと強制決済されるのです。

信用取引は、現物取引よりハイリスク・ハイリターンです。老後資金で株式投資するなら現物取引のほうが無難です。

❖プロが運用してくれるからといって安心とはいえない

プロが運用してくれる「投資信託」

個人ではできない分散投資をカンタンにできるのが魅力

投資家から集めたお金をひとつの大きな資金としてまとめ、運用のプロが株式や債券などに投資して運用する商品が**「投《とう》資《し》信《しん》託《たく》（ファンド）」**（以下、投信）です。集めた資金を何に投資するかは、投信ごとの運用方針に基づきプロが行いますが、**多数の銘柄に投資するので個人ではできない「分散投資」が可能**です。1万円程度から購入できるので初心者でも比較的投資しやすい金融商品です。

株式の価格を「株価」といいますが、投信の価格は**「基《き》準《じゅん》価《か》額《がく》」**といいます。取引の単位は「口《くち》」と呼ばれ、たとえば運用開始時点で1口＝1円であっても、運用の成績によって、1口の価格が上下します。

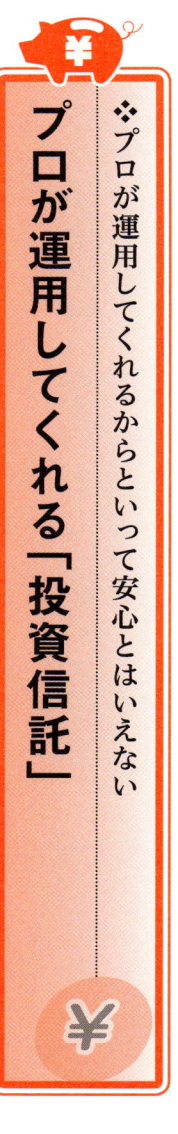

投資信託の特徴

①約1万円から投資できる

ほとんどの投資信託は1万円前後から投資できるので、自分の投資スタイルに合わせて投資金額を設定することができる。

②分散投資ができる

ひとつの投資信託を購入するだけで国内外の複数の株式や公社債などに分散投資することができ、価格が変動するリスクを軽減できる。

③専門家が運用してくれる

資産運用の知識、情報、経験を持つ投資のプロが運用・管理するため、自分自身が情報を集めたり、投資銘柄を決定する必要がないのでラク。

日本経済新聞には毎日、投信の基準価額、つまり1口あたりの価格が掲載されています（ただし、1口＝1円の投信は1万口あたりの基準価額で発表されます）。

株式に「配当」があるように、投信にも決算時に運用益を保有口数に応じて投資家に分配する**「分配金」**を支払うしくみがあります。

その支払い方針は投信ごとに異なり、支払う頻度もさまざまで支払われないこともあります。

もちろんプロに運用を任せるためのコストも必要です。おもなものは投信購入時に支払う**「販売手数料」**、運用期間中に間接的に差し引かれる**「信託報酬」**の2つです。このほかに解約時に**「信託財産留保額《しんたくざいさんりゅうほがく》」**や「解約手数料」がかかるものもあります。投信ごとにコストは異なるので目論見書《もくろみしょ》などで確認しましょう。

ただし、元本割れする投信も少なくありません。**プロが運用するとはいえ過度な期待は禁物**ですし、決してローリスクの商品ではありませんので注意が必要です。国内には4000本以上の投信があるので、投信情報サイト「モーニングスター」などを参考に自分好みの投信を見つけましょう。

マイナス金利政策による金利低下で運用が困難になり、公社債を組み込んだ投信が販売停止になるなどの影響が出ています。これから投信を買おうと考えている人は、情報をまめにチェックしておきましょう。

投資信託と株式投資は何が違うの？「投資信託」VS「株式投資」

投信の**最大のメリットは数十万円、数百万円程度のお金では不可能な分散投資ができる**点にあり、ひとつの投信でも多いもので数百の株式銘柄に分散投資します。そのコストとして、

投資信託と株式投資の違い

	投資信託	株式投資
運用する人	運用会社	投資家本人
購入場所	証券会社、銀行、郵便局など	証券会社
分散投資	運用のプロが分散投資をしている	まとまった資金がないとできない
購入時の手数料	投資信託、販売会社によって異なる	証券会社によって異なる
信託報酬	かかる	かからない
価格の提示	1日1回のみ	市場が開いているときはリアルタイム

販売手数料や信託報酬といった費用がかかります。その点、株式投資は購入時と売却時の売買委託手数料だけ。さらに、ネット証券を使えば、そのコストも数百円程度ですむ場合がほとんどです。

コスト面では、株式投資に軍配が上がりますが、運用成績が高い投信なら、多少のコストなどカンタンに取り戻してしまうものもあります。

毎月分配金のデメリットは？

通常の投信は年に1、2回、分配金が支払われますが（運用が順調でも課税を避けるため、分配金を支払わない投信もある）、毎月

毎月分配型でも自動継続投資のほうがトク！

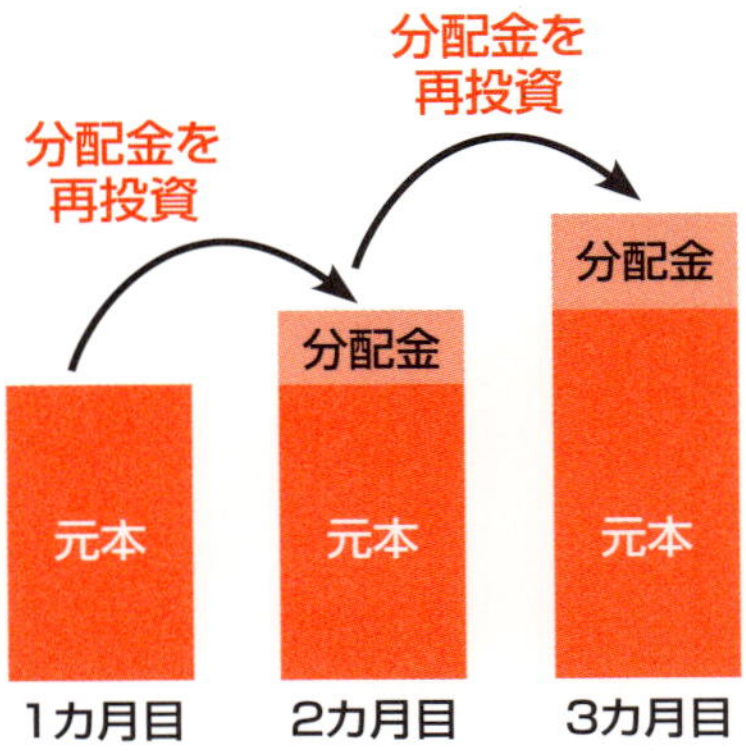

分配金を受け取る必要がないなら、再投資をすれば元本が増えるので複利効果が期待できる。

分配型投信では毎月少額ずつ分配金が支払われます。

もし定期収入が不要なら、通常の投信がいいでしょう。その際は**「自動継続投資」にして、支払われた分配金で自動的に買い増しすれば、買い増し分の販売手数料は無料**なので、実質的な運用利回りが向上します。

一方、定期収入がほしいなら毎月分配型がいいかもしれませんが、注意点があります。分配金は基準価額が下がっても支払われる場合が多いため、自分の資産が目減りしている事実に気付きづらいのです。**分配金が支払われても元本割れしたら元も子もありません。**安定的に分配金が支払われていても、基準価額はチェックしましょう。

「ファンド・オブ・ファンズ」って何？

ファンド・オブ・ファンズは、簡単にいうと複数の投信に投資する投信です。最大のメリットは、分散投資している投信をさらに分散投資するので、高い分散投資の効果が期待できる点です。

デメリットは運用報酬などの手数料が二重にかかることです。ファンド・オブ・ファンズの販売手数料、信託報酬などのコストのほかに、組み入れる投信の販売手数料、信託報酬などのコストが間接的にかかるためです。

一方、金融機関にとっては二重に手数料を取れる「おいしい商品」です。そもそも投信が「プロが選ぶから安心」な商品なら、分散に分散を重ねる必要があるでしょうか。また、投資対象を把握するのが難しくなる点も注意が必要です。

外国株投信にも投資したほうがいいの？ 「日本株投信」VS「外国株投信」

日本株と外国株では、経済環境も値動きも違うため、それぞれの特徴を理解して資産運用することが大切です。とくに老後の資金づくりは長期的に安定した成長が求められます。資産が一極集中すると、価格変動が大きくなるので、日本株投信と外国株投信を持つことでブレを抑える効果が期待できます。

世界の景気動向を見渡すと、経済が好調な国がどこかにありますが、好調の国の株式投信に多額の資金を投じるのは考えもの。好調はずっと続かないからです。とくに新興国は値動きが大きいので注意が必要です。

どの国に何割くらい分散させるか迷うなら、「グローバル株式型」「世界株式型」と呼ばれる投信を選ぶと便利です。これは日本を含む世界各国の株式を対象とする投信で、各国の株式がほどよくミックスされています。さらに債券も混ぜた、いわゆる「バランス型」の投信も初心者にはお勧めです。世界各国の株式と債券に投資するので、大きな分散効果が狙えます。

投信は基本的に長期投資を行う商品です。乗り換えを繰り返す人がいますが、これでは上手な長期運用はできません。値動きが比較的緩やかなバランス型投信で、持ち続ける訓練をするのもよいでしょう。

❖投資信託だが株式投資のように取引できる

上場する投資信託「ETF」と「ETN」

ETFとETNは何が違うの？

ETF《イーティーエフ》は「上場投資信託」と呼ばれ、222ページで紹介した投資信託の一種です。証券取引所に上場しているので、株式と同様に取引できるのが特徴です。いわば投資信託と株式の性格を併せ持った金融商品です。

2019年8月現在、東京証券取引所（東証）に上場するETFは235銘柄あります。投資対象は日本株式や外国株式、金や銀など多岐にわたります。

なかでも、代表的なETFは日本の代表的な株式指数である日経平均株価や東証株価指数（TOPIX《トピックス》）に連動する指数連動型ETFです。

日経平均株価は東証第1部に上場する225銘柄を対象に算出される株価指数です。つまり日経平均株価に連動するＥＴＦを持てば、日本を代表する２２５銘柄に分散投資するのと同じ効果を得られます。

そのＥＴＦに似た金融商品に**ＥＴＮ**《イーティーエヌ》があります。「上場投資証券」または「指標連動証券」と呼ばれ、東証に24銘柄（２０１９年８月現在）が上場しています。ＥＴＦと同様、株価指数や商品価格などに連動した値動きをします。

両者は特定の指数に連動する点では同じです。細かい説明は省略しますが、法律上はＥＴＦは「投資信託」、ＥＴＮは「債券」という違いがあります。

ＥＴＦは株式などに実際に投資して裏付資産を持つ一方、**ＥＴＮは裏付資産を持ちません。**たとえば、日経平均株価に連動するＥＴＦは２２５の構成銘柄を実際に保有します。しかしＥＴＮは、金価格に連動しても、実際に金に投資はしません。

ＥＴＮは最悪の場合、無価値になる恐れも

ＥＴＦは発行体が破綻しても保有する裏付資産が保全されるため、投資家の資産は守られます。しかし、ＥＴＮは発行体の信用力を根拠に発行されるため、発行体の倒産や財務状況

ETFとインデックス投信の違い

	ETF	インデックス投信
取引可能な時間	取引所の取引時間中	申込期間中の9時〜15時
取引価格	リアルタイムで変動する市場価格	1日1回算出される基準価額
購入場所	証券会社	各投信で異なる（証券会社、銀行、郵便局など）
購入方法	証券会社を通じて取得（株式と同じ）	販売会社で基準価額をもとに算出した価格で購入
各種手数料	インデックス投信に比べ安い	ETFに比べ高い

の悪化で無価値になる可能性があります。

ＥＴＮだからこそのメリットもあります。外国人への投資規制が存在する新興国株式や希少資源、時間の経過とともに劣化する農産物などのように現物資産の保有が難しいものでも投資対象にできる点です。

ただし、そういった投資対象は初心者向けではないので、まずはＥＴＦから始めるのがお勧めです。

インデックス投信とは何か？

株価指数に連動するように運用す

おもなETN（2019年8月現在）

コード	名称 対象指標	年間 手数料
2031	NEXT NOTES香港ハンセン・ダブル・ブルETN ハンセン指数・レバレッジインデックス	0.80%
2036	NEXT NOTES日経・TOCOM 金ダブル・ブルETN 日経・東商取金レバレッジ指数	0.80%
2037	NEXT NOTES日経・TOCOM 金ベアETN 日経・東商取金インバース指数	0.80%
2042	NEXT NOTES 東証マザーズETN 東証マザーズ	0.50%
2044	NEXT NOTES S&P500配当貴族ETN S&P500配当貴族指数	0.85%

る投信を「インデックス投信」と呼びます。ＥＴＦとインデックス投信は、いずれも株価指数などに連動するように運用されるわけです。

では、ＴＯＰＩＸ連動のＥＴＦとインデックス投信のコストを具体的に比べてみましょう。いずれも大和投資信託が設定するもので比較します。「ダイワ上場投信－トピックス」（ＥＴＦ）の信託報酬は０・１１８８%（税抜、2019年8月現在）、「ダイワ上場投信－日経２２５」は０・１７２８%（税抜）と、

ＥＴＦのほうが安くなっています。購入時の手数料もＥＴＦのほうが安くなる場合がほとんどです。

同じ対象に投資するならどっちがいい？「ＥＴＦ」ＶＳ「ＥＴＮ」

同じ投資対象のＥＴＦとＥＴＮがあると迷うかもしれません。たとえば金価格に連動する金価格連動ＥＴＦ（以下、金ＥＴＦ）と、ＥＴＮ「ＮＥＸＴ ＮＯＴＥＳ 日経・ＴＯＣＯＭ金ベアＥＴＮ」（以下、金ベア）は何が違うのでしょうか。

金ＥＴＦは文字どおり金価格に連動しますが、「金ベア」は「日経・東商取金インバース指数（金価格のマイナス１倍の値動きに連動）」に連動するＥＴＮで、金価格が下落すると値上がりします。

こうした特性を理解しないと、金価格が下がったのにＥＴＮが上がる理由がわからないかもしれません。

❖REITなら少額から不動産に投資できる

不動産の投資信託「REIT」

少ない資金でも不動産に投資できるのがREIT

複数の人から資金を集め、土地や建物などの**不動産を投資対象とする投資信託が「REIT《リート》」**です。こうすることで個人では購入が難しい不動産に投資できます。

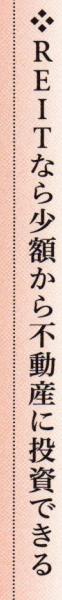

REITは、各々の投資基準や運用戦略に基づき、専門家によって投資家から集めたお金をオフィスビルや住宅などの不動産に投資・運用します。

その所有不動産から得られる賃貸収入をもとにした利益を投資家に定期的に分配します。REITは利益の90%超を分配すれば法人税が非課税になるため、実際には利益のほぼすべてが投資家に分配（ほとんどのREITが年2回分配金を出す）されます。2019年9月12日現在の日本のREITの平均利回りは3・62%。ほかの金融商品と比べ、高いインカムゲインが魅力です。リスク・リターンは株式と債券の間に位置する商品といっていいでしょう。

2019年8月末現在、63銘柄が東京証券取引所に上場しており、上場企業の株式と同じように売買できます。銘柄によって価格は異なりますが、**1口数万円から70万円程度で買うことができます。**

通常の不動産投資では維持管理の手間などがかかりますが、REITならその手間がなく、複数の不動産に分散投資するのでリスクは軽減されます。また、賃料は比較的安定しているため、分配金も安定しているのがメリットです。

インフレ対策にはなるが高値づかみには注意

将来インフレになれば、現金の価値は目減りしますが、不動産の資産価値や賃料は上昇する傾向があります。そうなれば、分配金の上昇や保有不動産の売却益の増加につながるため、REITから得られる利益増が期待できます。

定期収入が減る定年後世代にとって、インフレで現金の価値が目減りするのは脅威です。

その点ではインフレヘッジとして効果があるＲＥＩＴへに投資することは資産防衛策のひとつとして有効です。

ただし、ＲＥＩＴが人気化したり、マイナス金利導入などのサプライズがあると、価格が急騰することがあります。

価格が安いときに買えれば、高利回りと上昇時の売却益を手にできますが、高値づかみすると、どちらも手にできません。

購入する際には不動産市況の動向をチェックしましょう。

老後に備えて大家さんになりたい！「ＲＥＩＴ」ＶＳ「１Ｒマンション投資」

価格の安いワンルーム（１Ｒ）マンションで「大家さんになりたい」と考える人もいるでしょう。広告に記載される投資利回りは、たいてい５％～７％、なかには10％を超えるものもあります。銀行の預金金利よりはるかに高く、ローン金利よりも高いのですから儲かりそうです。

しかし、この利回りは「表面利回り」で、建物の修繕費やリフォーム代、物件価値の目減り分は考慮されていません。

入居者が入れ替わる際は、リフォームや古い設備の交換のほか、火災保険料や固定資産税もかかります。それらを含めると、1Rマンション投資の「実質利回り」は、大幅に低下します。

現在は超低金利ですが、変動金利でローンを組んだ場合、金利が上昇すれば、収支計算は根底から崩れます。最悪の場合、返済が膨らんだうえ、修繕費などの出費ばかり多くなるということもありえます。

その点、REITは分配金や譲渡益に所得税20・315%が課税される以外の出費はありません。換金も株式と同じで便利です。

インフレになれば家賃、不動産価格が上がるため、いずれもインフレに強いですが、管理の手間や換金の容易さを考えるとREITが手軽で低リスクです。分配金が安定している点も老後資金の運用手段として優れています。

また、株や債券だけでなく不動産に投資することは、分散投資の観点からも意味があるといえるでしょう。

❖大きなリターンは期待できないがリスクも小さい

国や企業にお金を貸す「債券」

債券の種類には国債、社債、地方債などがある

国や地方公共団体、会社などが、お金を借りるときに発行するのが債券です。

たとえば、**国が発行する債券が「国債《こくさい》」、地方公共団体が発行するものは「地方債《ちほうさい》」、会社が発行する債券は「社債《しゃさい》」**です。これらをまとめて「公社債」と呼び、発行体、発行場所、通貨のいずれかが外国の債券を「外国債」と呼びます。

債券は何年後にお金を返すのかを決められており、発行者は満期時に借りたお金を全額返さなければいけません。お金を借りている間は、決められた利率の利息を貸してくれた人（投資家）に支払います。

満期に全額戻ってきて、利息が受け取れる点では預貯金と似ていますが、債券は売買でき、

価格は日々変化します。**金利が上がれば債券価格は下がり、金利が下がれば債券価格は上がります。**

安全かどうかは、その債券を発行した国や会社が借りたお金を返済する力があるかにかかってきます。

その意味では国が発行する「国債」は日本国が破綻しないかぎりは安全です。ただし、マイナス金利の影響で国債の利回りは過去最低水準です。

「社債」は、発行する企業の経営状況に左右されるため、発行企業の経営状態をチェックする必要があります。

財政状態の悪い国や経営状態が悪化した企業は、利率を高くしないと借り手が見つかりません。つまり、債券は利率が高いほど安全性が低いといえます。

債券を買うなら「個人向け国債」がお手軽

債券にはさまざまな種類がありますが、個人でも買いやすいのが、1万円から1万円単位で買える「個人向け国債」と、5万円から5万円単位で買える「新型窓口販売方式国債

（新窓販国債《しんまどはんこくさい》）」です。いずれも銀行、証券会社などの金融機関で買うことができますが、新窓販国債はみずほ銀行や三井住友銀行などの三大メガバンクでは取り扱っていないので注意しましょう。都市銀行で取り扱いがあるのは埼玉りそな銀行とりそな銀行のみです。

国債は日本国が破綻して債務不履行（デフォルト）にならないかぎり利子が払われ、満期日には額面の金額が戻ってきます。国が破綻する可能性は極めて低いので定期預金のような感じで投資できるわけです。

ただし、２００１年にアルゼンチンがデフォルトしたように、国債だからといって、１００％安全なわけではありません。

利率がいいのはどっち？「個人向け国債」VS「新窓販国債」

個人でも買いやすい国債には「個人向け国債」（以下、個人）と「新窓販国債」（以下、新窓）の2種類がありますが、もし国債に投資する場合はどちらがよいのでしょうか。

まず、金利水準についてみてみると、同じ満期なら、金利水準は「新窓」のほうが高くなります。たとえば、２０１８年12月に発行分の表面利回りを比較すると、個人「固定５年」

は「年0・05%」、新窓「固定10年」は「年0・1%」でした。

ただし、現在のような超低金利時代に国債を固定金利で買うと、将来、金利が上昇した場合に、高金利のメリットを得られません。その点では金利が変動する「個人」の「変動10年」を買う選択もあります。

中途換金についても違いがあります。「新窓」は市場で売却できますが、金利上昇時に売却（中途換金）すると、損失が出る可能性があります。一方、「個人」は市場で取引されないため、国債価格は変動しないのという特徴があります。発行後1年間は原則的に売却できませんが、1年経過すれば、いつでも中途換金が可能です。

この違いを勘案すると、中途換金する可能性があり、絶対に損をしたくないなら、売却損が発生しない「個人」、満期まで中途解約しないならより利率のいい「新窓」がいいということになります。

❖加入している生命保険の内容を理解しておこう

定年前に一度は生命保険を把握する

お役御免の生命保険を徹底的にリストラする

生命保険は変化に応じて見直すことが大事です。しかし、内容の複雑さもあって、そもそもどんな生命保険に入っているかがわからなかったり、見直そうと思いつつも踏み切れなかった人が多いのではないでしょうか。その内容を見ると、**実際に必要になると思われる保障額よりもはるかに「掛けすぎ」になっている人が少なくない**のです。

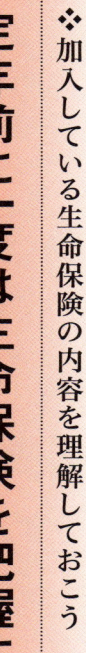

生命保険の契約時と現在の家庭環境は変化しているはずです。さらに定年後は収入が減り、生活が一変します。本来はその変化に応じて、迅速に保険を見直すべきですが、自分が加入している保険の内容ですら理解していない人が少なくないのです。

これを機に、住宅の次に高い買い物といわれる生命保険の内容や加入目的などを確認してみましょう。

保険にはさまざまな種類がありますが、その種類は**「死亡保障」「医療保障」「老後・貯蓄保障」**の3つに分けられます。

それぞれの、おおまかな内容をつかむようにします。

まずは、一生涯保障が続く「終身保険」か、一定期間で終了する「定期保険」か、保険料の支払いは「終身払い」か、一定期間で払い込みが終わる「定期払い」か、そして「掛け捨て」か「貯蓄性がある」かを確認します。

そして、各生命保険の保障額がいくらかを把握しましょう。

現在加入している生命保険を把握しよう

①保障期間は「終身」か「定期」か

終身…一生涯にわたって保障が続く保険

定期…一定期間で保障が終わる保険

②保険料の支払いは「終身払い」か「定期払い」か

終身払い…一生涯にわたって続く払い込み方法

定期払い…一定年齢または一定期間で終了する払い込み方法

一時払い…全保険期間の保険料を初回支払い時に一括で支払う方法

③「掛け捨て」か「貯蓄性がある」か

掛け捨て…保険料を払い込んでも払い戻しを受けられない

貯蓄性がある…中途解約、または満期時にお金が受け取れる

④各生命保険の保障額を確認する

❖不安から生命保険を掛けすぎている人が多い

定年後の生命保険を考える

退職したら保険料は大きく減らせる

定年後はライフスタイルや収入が変わります。それに従い、生命保険の必要保障額も現役時代とは変わってきます。

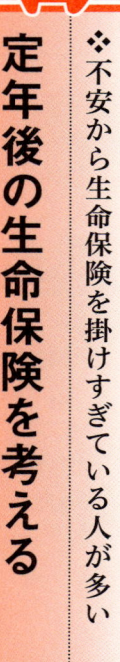

「死亡保障」は、現役のときに万が一のことがあっても、子どもが困らないように入るのが基本的な使い方です。子どもの独立後は、**葬儀代やお墓代が用意できる程度の死亡保障で十分**です。

子どものためではなく配偶者のために加入しているという人もいるかもしれませんが、大黒柱が亡くなれば、配偶者には「遺族年金」、配偶者の年齢によっては「老齢年金」が支給されます。こうした公的な支援を踏まえて今の生活費と今後必要となる金額を考えると、生

それぞれの保険に対する充足感

死亡保障

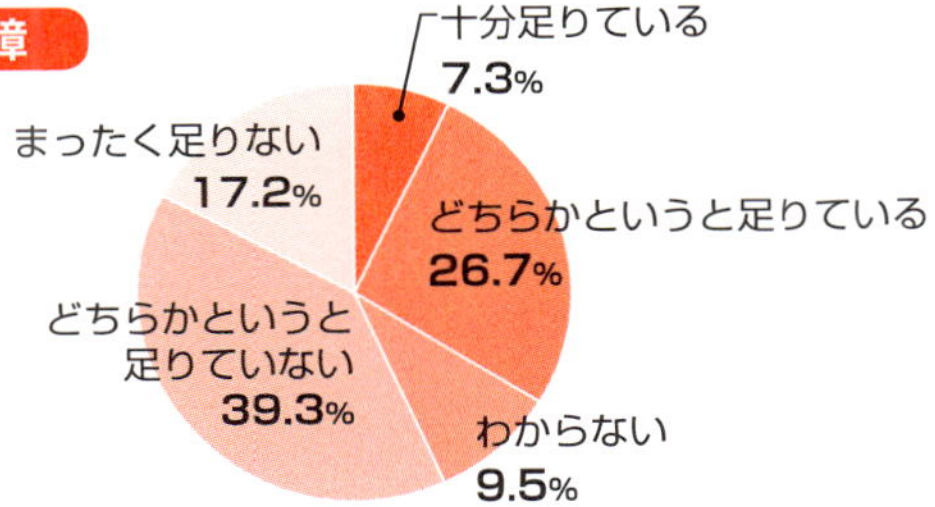

老後保障

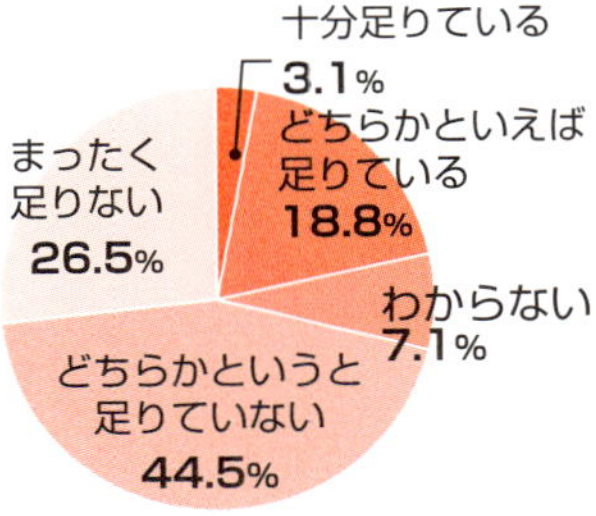

医療保障

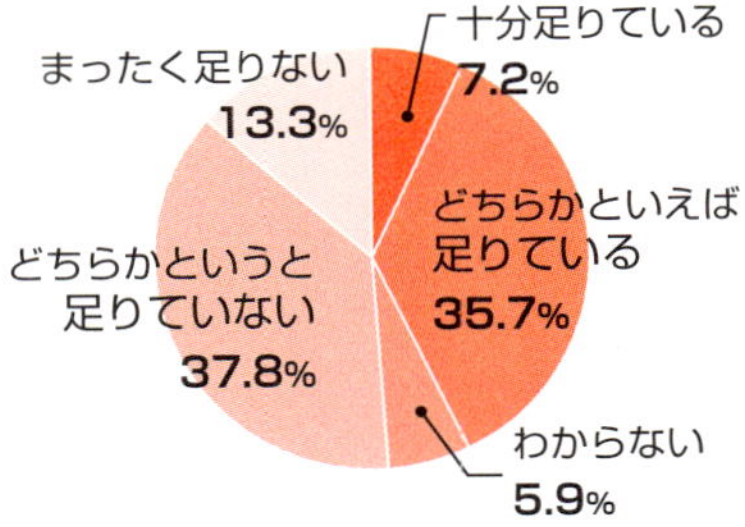

出典：生命保険文化センター「平成28年度生活保障に関する調査」

命保険の保障額は思った以上に少なく済むことが多いのです。その点を踏まえて必要最低限の保障額で生命保険に加入するのがベストです。

なお、一生涯保障が続く「終身保険」なら、いつ亡くなっても死亡保険金が支払われるので安心です。

最大の悩みは健康に対する不安かもしれませんが、定年後も国民健康保険に加入していたり同居している家族の被扶養者になっていたりすれば、69歳までは従来どおり3割負担で済みますし（70歳以上75歳未満は2割、75歳以上は1割。ただし、一定以上所得がある人は3割）、手術や入通院で多額の医療費がかかっても**高額療養費制度**があるので医療費負担はそれほど大きくなりません。

そのため、医療保障については、保障額を減らして保険料を減額するのも方法です。とくに10年ごとの更新型は、将来、保険料が大幅に上がる可能性が高いので積極的に見直しましょう。

「老後・貯蓄保障」は貯蓄があるなら不要です。逆に老後資金が足りない場合は支払う余裕がないはずですから、新たに加入する必要はないでしょう。

保険の最適化は難しい。不安なら専門家に相談を

定年前後で新たに契約すると、保険料は高く、健康状態によっては契約できないことがあります。基本は既契約の保険を活かすことです。定年後に、保険のために貯金を切り崩したり、我慢を強いられるような本末転倒なお金の使い方は避けましょう。

とはいえ、生命保険がなく不安を感じるなら、最低限の保険に入ってもよいですが、原則的に必要最低限の保障がカバーできる最も安い掛け捨ての保険で十分でしょう。必要以上の保険料を支払うのは避けたいところです。

保険に対するニーズは人それぞれのうえ、保険商品の内容は複雑。しかも保険の種類はたくさんあり、最適な組み合わせを見つけるのは至難の業です。ファイナンシャルプランナー（FP）などの専門家でも意見はさまざまですので、できれば複数の人に話を聞くことをお勧めします。

❖医療費は思ったほど高額にならない！

「高額療養費制度」で生命保険は不要？

「高額療養費制度」があるので医療費は思った以上にかからない

病気や怪我に対する不安を解消するための「医療保険」や「がん保険」を、定年を控えて見直す前に、ぜひ知っておきたいのが**「高額療養費制度」**です。

現在、医療費は原則3割を自己負担しますが、入院などで**医療費の自己負担額が高額になれば、一定額（自己負担限度額）を超えた部分が「高額療養費制度」によって戻ってきます。**

自己負担限度額は、年齢や所得に応じて250ページの表のように計算されます。たとえば、70歳未満で月収（標準報酬月額）が28万〜50万円の人が医療費100万円で30万円を自己負担する場合は、自己負担は8万7430円まで軽減されます。ただし、入院時の食事や居住費、差額ベッド代、先進医療にかかる費用は対象外です。

現在加入している生命保険を把握しよう

Aさん
（所得区分:区分ウ）

62歳
入院
自己負担額:30万円
（総医療費:100万円）
3割負担

※区分についてはP250の表を参照

計算式

①自己負担限度額を計算する

8万100円 ＋（ 100万円（総医療費） −26万7,000円 ）×1％
＝ 8万7,430円（自己負担限度額）

この額だけ負担すればいい

②高額療養費としての払い戻し額を計算する

30万円（自己負担額） − 8万7,430円（自己負担限度額） ＝ 21万2,570円（高額療養費として払い戻される額）

この額が戻ってくる

Point! 高額療養費制度を使うと、支払い後にお金が戻ってくる。

自己負担限度額の計算式

●70歳未満の人の自己負担限度額の計算式

所得区分	自己負担限度額
区分ア（月収83万円以上）	25万2,600円+（医療費−84万2,000円）×1%
区分イ（月収53万〜79万円）	16万7,400円+（医療費−55万8,000円）×1%
区分ウ（月収28万〜50万円）	8万100円+（医療費−26万7,000円）×1%
区分エ（月収26万円以下）	5万7,600円
区分オ（住民税非課税世帯）	3万5,400円

●70歳〜74歳の人の自己負担限度額の計算式

所得区分			自己負担限度額 外来（個人ごと）	自己負担限度額 外来・入院（世帯）
①現役並み所得者	現役並みⅢ（標準報酬月額83万円以上で高齢受給者証の負担割合が3割）		25万2,600円+（総医療費−84万2,000円）×1%（多数該当14万100円）	
①現役並み所得者	現役並みⅡ（標準報酬月額53万〜79万円で高齢受給者証の負担割合が3割）		16万7,400円+（総医療費−55万8,000円）×1%（多数該当9万3,000円）	
①現役並み所得者	現役並みⅠ（標準報酬月額28万〜50万円で高齢受給者証の負担割合が3割）		8万100円+（総医療費−26万7,000円）×1%（多数該当4万4,400円）	
②一般所得者（①・③以外の人）			1万8,000円（年間上限14.4万円）	5万7,600円（多数該当4万4,400円）
③低所得者		Ⅱ	8,000円	2万4,600円
③低所得者		Ⅰ	8,000円	1万5,000円

高額療養費の計算は月初から月末までの1カ月単位で行われるため、1回の入院の医療費総額が自己負担限度額を超えても、「○月分」と「○月分」と分けると、高額療養費制度の対象外になるケースがある点はとくに注意が必要です。

基本的に病院に医療費を支払ったあとに申請し、3～4カ月後に口座振込で還付されます。加入する健康保険の保険者（健康保険組合や市区町村など）に対し、「高額療養費支給申請書」や「医療機関の領収書」などを提出して申請します。

自己負担額が限度額を超えそうな場合は、あらかじめ「限度額適用認定証《げんどがくてきようにんていしょう》」を申請すれば、病院の窓口での支払いを自己負担限度額だけにできます。

また、毎年1月1日～12月31日の間に自分や家族のために支払った医療費が高額になれば、確定申告で「医療費控除」を受けると、所得税が還付される場合があります。

高額療養費制度があるので、**ある程度の預貯金があれば、医療保険、がん保険に加入する必要はありません。**定期収入がなくなったあとに多額の保険料を支払う負担と、高額療養費制度を勘案して見直しましょう。

ただし、高齢になると加入できる保険がかぎられ、保険料も高くなるので、必要なら早く加入することをお勧めします。

❖個人年金保険がどんな商品か理解しておこう！

個人年金保険は入ったほうがいいの？

個人年金保険は年金不安を解消するのか？

「老後2000万円」問題が持ち上がり、老後に不安を感じている人が多くなっています。公的年金だけでは心もとないため、自前で年金を用意することを考える人も少なくないでしょう。

そこで思い浮かぶのが民間生命保険会社の**「個人年金保険」**です。ところが、その内容を理解している人は多くありません。個人年金保険には大きく分けて「定額」と「変額」がありますが、似て非なる商品なので注意が必要です。

「定額年金保険」は、加入時に払い込む保険料と将来受け取る年金が確定しており、契約時の予定利率で運用される、安心確実な預貯金に近い商品です。ただし、超低金利が続いていてい

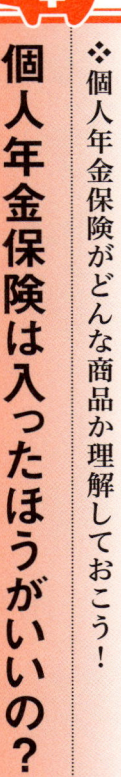

年金型商品の世帯加入率

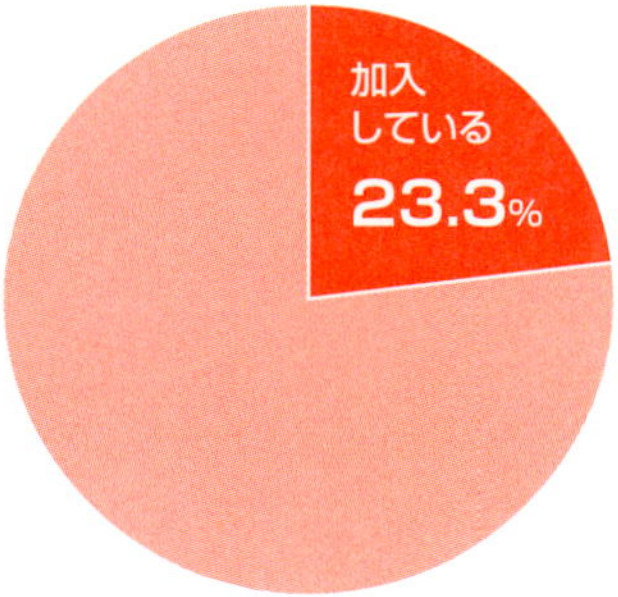

出典：生命保険文化センター「平成30年度生命保険に関する全国実態調査」

年金型商品とは、個人年金保険（民間生保の個人年金保険・変額個人年金保険、かんぽ生命の個人年金保険、簡保の年金保険、ＪＡの年金共済、全労済の年金共済）に、損保の個人年金を加えた個人契約の年金型商品のこと。

世帯加入率23.3%の内訳をみると、個人年金保険（定額）が75.2%、変額年金保険は8.0%だった。

るため、預貯金に毛が生えた程度の利息しか付きません。なお、現在は「個人年金保険」のほとんどが、この定額年金保険です。

その性質を考えると、わざわざ定額年金保険に入らず、年金保険料と同額を預金しておき、将来、その預金から必要に応じて引き出すほうが自由にお金を使えて便利かもしれません。

一方の**「変額年金保険（投資型年金保険）」は、実質「投資信託」のような金融商品**です。保険会社がリストアップする数種類の投信から選び運用します。

払い込んだお金を一定期間運用したあと、年金の原資となって返ってくるしく

個人年金保険の選び方

支払方法	**一時払い** 総保険料を一括で払い込む。	**分割払い** 月払い・半年払い・年払いなど。
保険料の決め方	**年金建て** いくらの年金を受け取るかで保険料を決める方法。	**保険料建て** 支払う保険料から年金額が決まる方法。
年金額の決め方	**定額** 契約時に決めた額が年金として支払われる。	**変額** 投資信託で運用し、運用成果で年金額が変わる。
年金の受け取り方	**終身年金** 保証期間 ｜ 一生涯 保証期間中は生存しているかぎり受け取れる。	**確定年金** 一定期間 生死に関係なく契約時に定めた一定期間受け取れる。
	有期年金 保証期間 ｜ 一定期間 一定の保証期間中は生存しているかぎり受け取れる。	**夫婦年金** 一生涯 夫婦いずれかが生存しているかぎり受け取れる。

※定年後に公的年金が支給されるまでの期間を補う目的で加入する場合が多く、給付開始年齢を60歳にする場合が多くなっている。

みですが、運用成果が上がれば将来の受取額は増え、当然うまくいかない可能性もありますから損をすることもあります。

老後資金が減る可能性がある点は気になりますし、投信を直接購入するなら、4000以上の銘柄から選べるうえ、保険料に含まれる保険会社への手数料を払う必要もありません。とくにNISA《ニーサ》が始まり、証券会社などが投信の買付手数料の無料キャンペーンを実施するなど、低コストで買える環境が整ってきています。保険会社も投信を買うときには数%の買付手数料を払うので、直接投信を買ったほうが得な場合もあるのです。

定額年金保険は「保険」の機能もありますが、死亡時は払い込んだ額が保険金として戻る程度。保険機能を期待して入るものではなさそうです。

保険会社は「年金不安」をキーワードに個人年金保険を勧めるかもしれませんが、冷静な判断をしてください。

❖こんなときどうする？　保険の見直し実例①

定年前に保険料を減らしたい

定期付終身保険は定期部分を解約しよう

山田さん夫婦は、現在58歳の夫の定年退職を2年後に控え、毎月の負担が大きい生命保険を見直すことにしました。

マイホームのローンは完済済み、貯金は約2000万円あり、年金も夫婦で年300万円（月額25万円）もらえそうです。堅実な暮らしぶりなので年300万円の生活費があれば十分ですから、今後の生活資金を切り詰める必要はなさそうですが、山田さん夫婦は「定年後には夫婦で海外旅行を年2回はしたい」「孫たちにできるだけ援助したい」と考えているので、少し不安になってきました。

改めて家計を見直すと毎月約4万5000円も生命保険料を支払っています。

現在加入している定期付終身保険は、4000万円の死亡保障が保険料の払い込みが終わる60歳まで続くもので、その後は終身保険の死亡保障300万円まで減るような設計になっています。

さて、定期付終身保険で注意すべき点は、一生涯保障されるのは終身部分の300万円だけで、4000万円の保障が一生涯続くわけではない点です。

死亡保障の保障額は基本的には年齢を重ねるにつれ、減らしてしまってかまいません。そもそも子どもが独立し、定年を2年後に控える山田さんに、4000万円の死亡保障は高すぎます。

結局、山田さんは葬儀代とお墓代程度のお金が残るよう、終身保険部分の300万円だけを残して、定期保険部分を解約しました。その結果、毎月の保険料を約1万5000円程度までおさえることができました。

ちなみに、60歳で満期になる定期部分を65歳まで更新すると約1・5〜2倍に保険料は跳ね上がります。

定期付終身保険の定期部分は減らしてOK！

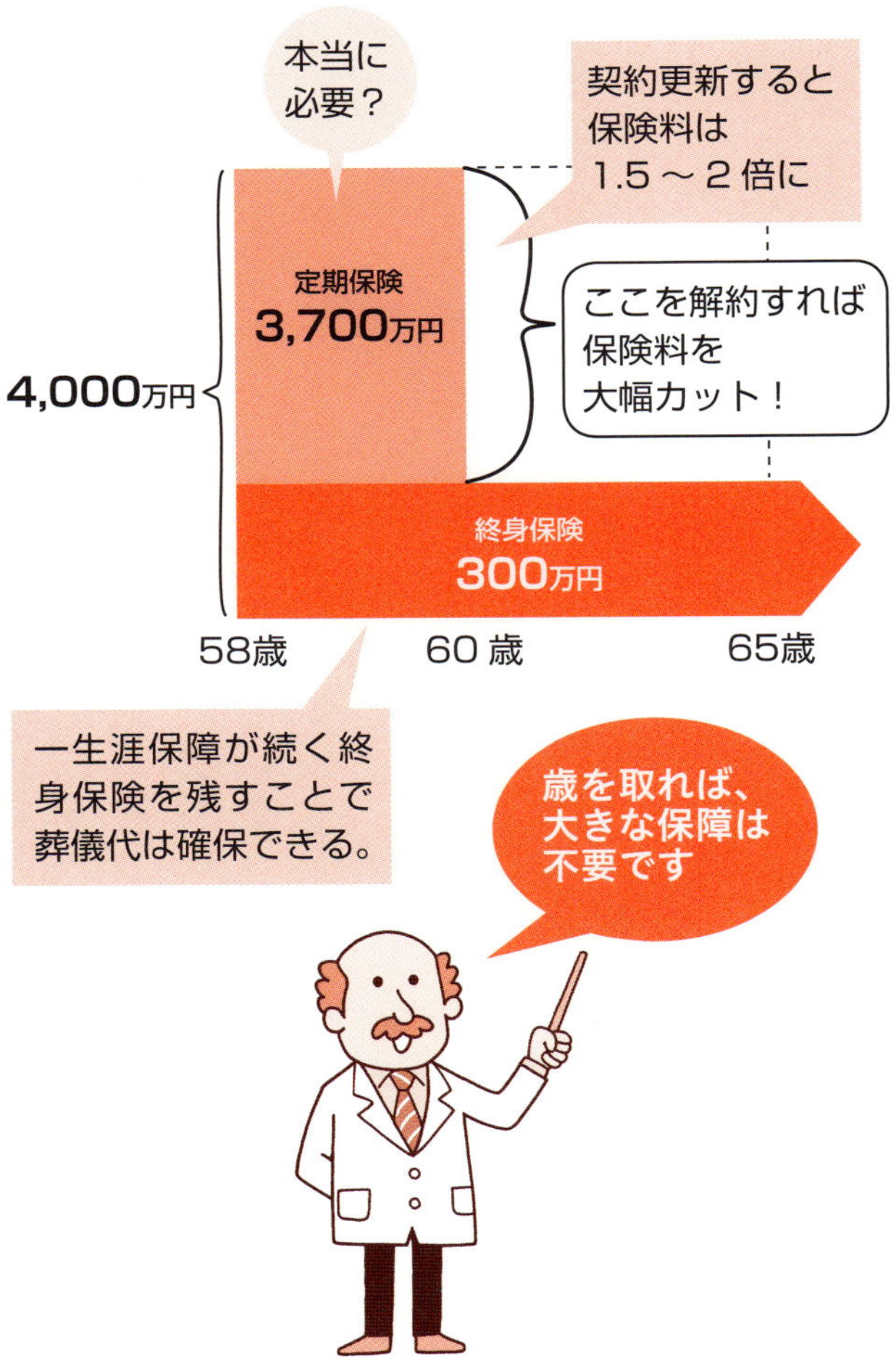
本当に
必要？
契約更新すると
保険料は
1.5～2倍に
定期保険
3,700万円
ここを解約すれば
保険料を
大幅カット！
4,000万円
終身保険
300万円
58歳
60歳
65歳
一生涯保障が続く終
身保険を残すことで
葬儀代は確保できる。
歳を取れば、
大きな保障は
不要です

❖こんなときどうする？　保険の見直し実例②

満期になった医療保険は更新すべきか？

定年後の医療費が心配でも医療保険はいらない？

山本さんはもうすぐ60歳を迎えます。そこで迷っているのが、60歳で満期を迎える医療保険の扱いです。

山本さんは40歳になったのを契機に、医療保険に加入しました。その後、50歳で保険の契約を更新したとき、それまで月４０００円弱だった保険料が約５７００円に増えました。そこで、今回はどれくらいになるのかを聞いたところ、今度の更新では保険料が月額1万円を超えるというのです。

これから定期収入がなくなることを考えると、1万円の出費はかなり痛手です。困った山本さんは、保険の乗り換えも考えましたが、60歳で新たに契約すると、どれも1万円程度の出費になることが判明しました。それでもなんとなく一生涯保障を続けたいと思い、専門家に相談することにしました。

山本さんは無料相談を行うファイナンシャルプランナー（ＦＰ）に相談に行ってみました。しかし、相手はあれこれと医療保険のパンフレットを持ち出してくるので辟易してしまいました。

その後、ネットで有料相談を行うＦＰがいると知り、面談を申し込みました。そのＦＰは、山本さんのニーズを聞くと次のように言いました。

「在職中なら入院して収入が途切れたら困りますが、退職後なら、その心配は不要です。山本さんは貯金もありますし、高額療養費制度もあるので新規契約は不要です」

高額療養費制度を知らなかった山本さんは、この意見に納得し、医療保険を解約しました。

必ずしも無料相談が悪いとは言えませんが、「無料」の場合は生命保険などの販売手数料が目的のＦＰも多いのです。

いずれにしろ、保険は高い買い物です。納得するまで契約はしないことが大切です。

老後の医療保険は本当に必要だろうか？

■60歳から医療保険に入ると…

A社医療保険（終身）

●入院給付金：1日1万円
●入院給付金支払限度：60日
●手術給付金：40万円（重大手術）
：10万円（入院あり、重大手術以外）
：5万円（入院なし、重大手術以外）
●月額保険料：1万746円

毎年10日間入院しても元は取れない！

80歳まで払うと250万円を超える！

※重大手術とはがんに対する開頭・開胸・開腹手術や心臓への開胸術など

Point! 定年後、医療保険の契約を更新するかどうかは、高額療養費制度なども勘案して慎重に決めることが大切! 本当に必要か考えよう。

❖こんなときどうする？　保険の見直し実例③

利率が1・5%なら保険で貯蓄ができる？

保険の利率と預金の利率は意味が違う

島田さんは50歳。一人息子が大学を卒業したこともあり、最近は自分の老後資金について考えるようになりました。

堅実な性格で、株式投資の類いはこれまで経験したことはありません。住宅ローンもあと2年ほどで終わる予定です。

老後の不安もあって、コツコツ貯金をしてきましたが、あまりに金利が低い定期預金には不満を持っていました。かといって元本割れの可能性がある株式や投信には、大切なお金を投じる気にはなれません。そんなとき同僚から「貯蓄性のある保険商品なら利率が1・5%もあるからいいよ」と言われました。

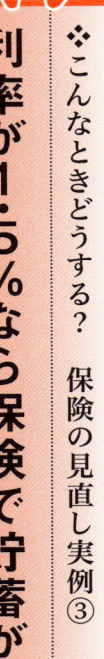

自宅のパソコンで貯蓄性のある保険商品を調べてみると、さまざまな生命保険会社が貯蓄性のある保険商品を出していることがわかりましたが、内容が複雑すぎてどれがいいのかがわかりません。

それでも根気よく調べると、たしかに同僚が言っていたように「1・5％」と書いてあります。しかし、その利率には「予定利率」と書いてあったのです。

気になって調べると、「支払われた保険料のうち、保険会社の収益部分などを差し引いた部分を運用するときに約束する利率」ということがわかりました。予定利率より実際の利率はもっと低くなるのです。

当初は、今の貯金から300万円を一括で払う「一時払い」で「個人年金保険」に入ろうと思いましたが、2つの観点から島田さんは思いとどまりました。

ひとつは60歳までの10年間に途中解約すると、元本割れの可能性があること。もうひとつは、今後インフレになった場合に低い利率が適用され続けることでした。

結局、島田さんは、日ごろから親しみのある定期預金に預け入れすることにしたそうです。

生命保険の予定利率の推移

契約時期	保険期間		
	10年以下	10年超 20年以下	20年超
1976.3.2～ 1981.4.1	5.50%		5.00%
1981.4.2～ 1985.4.1	6.00%	5.50%	5.00%
1985.4.2～ 1990.4.1	6.25%	6.00%	5.50%
1990.4.2～ 1993.4.1	5.75%	5.50%	
1993.4.2～ 1994.4.1	4.75%		
1994.4.2～ 1996.4.1	3.75%		
1996.4.2～ 1999.4.1	2.75%		
1999.4.2～ 2001.4.1	2.00%		
2001.4.2～ 2013.4.1	1.50%		
2013.4.2～	1.00%		

Point! 貯蓄性のある保険に入るときはリスクを把握してからにする。

❖こんなときどうする？　保険の見直し実例④

独身の50代女性、老後に向けての生命保険

予定利率が高い保険はそのまま持ち続ける

田中さんは結婚せずに50代を迎えました。今後、いい男性に出会えれば結婚したいと思っていますが、年齢が年齢だけに老後を独りで暮らす覚悟もしています。今の仕事にはやりがいを感じているので定年の60歳まで働くつもりです。

そんな田中さんですが、50代に突入したのをきっかけに、「これだけの保険で足りるのだろうか」と急に心配になってきました。

現在加入しているのは、就職してすぐに知り合いに勧められて入った死亡保障１０００万円の終身保険だけです。「貯蓄代わりになる」と言われて払い続けてきましたが、55歳で満期になる予定です。

独身で老後を迎える場合の生命保険と医療保険の考え方

これまで

終身保険
（死亡保障1,000万円）

予定利率の
高いお宝保険

見直し後

終身保険
（死亡保障1,000万円）

見直しの
必要なし！

＋

終身医療保険
終身医療保険：日額1万円
手術給付金額：10・20・40万円
保険期間：終身（終身払い）
月払保険料：1万3,480円

弟夫婦への
思いやり

Point! 独身者は死亡保障より医療保険を考えたほうがよい。

まず独身の場合、万が一亡くなっても、困る人はいません。お葬式代やお墓代は必要ですが、それは現在加入している終身保険で十分まかなえます。

本来、独身者であれば死亡保障を充実させる必要性はありませんが、田中さんが入っている終身保険は予定利率が5・5％と今では考えられないほど高い時代のものでしたので、解約しないほうがいいとわかりました。まとまったお金が必要になったときに解約すれば、支払った保険料を上回る解約返戻金が受け取れるからです。終身保険を見直す場合は、予定利率を確認することが大切です。

問題は医療保障です。

母親が亡くなったあと、田中さんが病気・怪我をしたときは弟夫婦が面倒をみてくれることにはなっていますが、金銭面で負担をかけたくありません。

そこで一生涯保障が続く終身医療保険に入ることにしました。

田中さんのような独身者は配偶者や子どもがいないので保険金の受取人について考えておかなければいけません。母親を受取人にしていますが、亡くなったら、誰を受取人にするか考える必要がありそうです。

❖まさかのために備えよう

定年後のお金・保険困ったときのQ&A

QUESTION Q1 資産計画で困ったら相談できる専門家はいる？

お金に関する専門家として、ファイナンシャル・プランナー（FP）がいます。ファイナンシャル・プランナーは、金融、税制、不動産、住宅ローン、生命保険、年金制度などの幅広い知識を備えた総合的な資産設計を行う専門家です。

ファイナンシャル・プランナーは、家族構成や収入と支出、資産と負債のほか、ライフスタイルや価値観、経済環境などを勘案しながら、現状を分析します。そのうえで、問題や不安を解消するためのアドバイスを行ってくれます。

ファイナンシャル・プランナーは日本FP協会のホームページなどで探すことができます。相談料は1時間あたり5000円～2万円程度に設定されていることが多いようです。

QUESTION Q2 詐欺に備えるため手口をあらかじめ知っておきたい

近年、「特定の人しか買えない」「必ず値上がりする」などの魅力的な言葉で、未公開株をはじめとする投資商品の取引を持ちかけるケースが増えています。金融商品等取引関連の詐欺は年々減少傾向にはありますが、それでも2018年の被害額は2億5000万円を超えています。突然なじみのない業者から電話がかかってきて、儲け話を持ちかけられても耳を貸してはいけません。金融庁、警察庁、消費者庁などの官公庁や、日本証券業協会などの業界団体のウェブサイトに、詐欺師の手口が掲載されているので、チェックしてみましょう。

QUESTION Q3 売却益が出たら確定申告は必要なの？

上場株式などの取引において譲渡益（売却益、キャピタルゲイン）が生じた場合、原則的には確定申告を行って税金を納めなければなりません。しかし、毎年1月1日～12月31日までの間に売却した株と株式投信の損益を通算し、譲渡益が「20万円以下」の場合は確定申告を行う必要はありません。

なお、証券会社などの口座開設時に「特定口座（源泉徴収あり）」を選択している場合は、証券会社などが代わりに税金の源泉徴収をしてくれるため、原則として確定申告の必要はありません。金融商品によって課税方法や税率が変わるので、詳しくは税務署などに問い合わせましょう。

QUESTION Q4 死亡保険金の請求はどのようにすればいいの？

死亡保険金を受け取るときは、死亡保険金の受取人になっている人が、3年以内に保険会社に請求します。死亡保険金の請求期限は「3年」と、法律によって決められているので、忘れないように迅速に手続きを済ませましょう。

一般的には、担当の外交員や生命保険のコールセンターに連絡を入れ、手続きに必要な書類を送ってもらいます。また、最寄りの窓口に直接出向いて書類を受け取ることができる生命保険会社もあります。必要書類を保険会社に返送し、保険会社がその書類を確認したのちに、死亡保険金が支払われます。

監修者

須田美貴(すだ・みき)

特定社会保険労務士、産業カウンセラー。NPO法人労働者を守る会代表。労働トラブルを解決する傍ら、年金や労働についての講演、セミナーを行っている。会社と喧嘩せずに労働問題を解決することをモットーとする。著書に『しつもん!労務トラブル50』(中央経済社)など。

田村麻美(たむら・まみ)

税理士。TRYビジネスソリューションズ株式会社代表取締役社長。税理士法人江波戸会計東京支社長。2019年、早稲田大学大学院経営管理研究科(MBA)を修了、MBAを取得。2018年には処女作『ブスのマーケティング戦略』(文響社)を出版、話題となって数々のメディアに登場した。立教大学で兼任講師として教壇にも立ち、忙しい日々を送るなか、自称「東京都足立区で一番気さくな税理士」として奮闘中。

田中元(たなか・はじめ)

介護福祉ジャーナリスト。高齢者の介護や自立支援をテーマとした分野の取材・執筆活動を行う。近著に『現場で使える【訪問介護】サービス提供責任者便利帖 第2版』(翔泳社)、『後悔しない介護サービスの選び方10のポイント』(ぱる出版)などがある。

中川健司(なかがわ・けんじ)

エフピーコンシャス有限会社代表取締役。NPO法人日本FP協会会員。個人のライフプラン・住宅購入・保険の見直し・資産運用などに関する相談業務を行っている。

＊本書は2018年4月刊行の洋泉社MOOK『いっきにわかる！定年前後のお金の本2018』の内容を一部改定して新書版に改めたものです。

編集協力＊有限会社バウンド

表紙デザイン＊志村佳彦(ユニルデザインワークス)

イラスト＊瀬川尚志

校正＊玄冬書林

新書y 329

図解・決定版 定年前後のお金と手続き大事典

発行日 2019年10月31日 初版発行

監修 須田美貴 田村麻美 田中 元 中川健司 ©2019

発行人 江澤隆志

発行所 株式会社 洋泉社
東京都豊島区東池袋5-44-15 〒170-0013
電話 03-5956-1222(代)

印刷・製本 図書印刷株式会社

フォーマット 菊地信義
装幀 志村佳彦(ユニルデザインワークス)

落丁・乱丁のお取り替えは小社営業部宛
ご送付ください。送料は小社で負担します。
ISBN978-4-8003-1739-1
Printed in Japan
洋泉社ホームページ https://www.yosensha.co.jp